세종처럼 읽고 다산처럼 써라

세종처럼 읽고 다산처럼 써라

1판 1쇄 발행 2013년 9월 25일
1판 5쇄 발행 2016년 3월 15일

지은이 다이애나 홍
펴낸이 이윤규

펴낸곳 유아이북스
출판등록 2012년 4월 2일
주소 서울시 용산구 효창원로 64길 6
전화 (02) 704-2521
팩스 (02) 715-3536
이메일 uibooks@uibooks.co.kr

ISBN 978-89-98156-11-4 03190
값 14,000원

* 이 책은 저작권법에 따라 보호받는 저작물이므로 무단전재와 복제를 금지하며,
  이 책 내용의 일부를 이용할 때도 반드시 지은이와 본 출판사의 서면동의를 받아야 합니다.

* 잘못된 책은 구입하신 곳에서 바꾸어 드립니다.

* 이 도서의 국립중앙도서관 출판시도서목록(CIP)은 서지정보유통지원시스템 홈페이지
  (http://seoji.ni.go.kr)와 국가자료공동목록시스템(http://www.ni.go.kr/kolisnet)에서
  이용하실 수 있습니다.(CIP제어번호: CIP2013016698)

세종처럼 읽고 다산처럼 써라

다이애나 홍 지음

유아이북스

프롤로그 | 읽고 쓰기의 마법

사랑은 운명을 바꾼다

　내일이 걱정스럽고 불안한가? 내일이 불안하다는 것은 오늘을 충실히 살고 있지 않다는 것이다. 현실에 초점을 집중하면 미래가 불안하지 않다. 아직 오지도 않은 미래의 걱정과 불안을 굳이 가불해 쓸 필요가 없다.
　현재에 집중하는 데 있어 유용한 도구가 있다. 바로 책읽기와 글쓰기다. 책읽기와 글쓰기의 힘은 검증되어 있다. 세계 경제를 쥐고 있는 유대인들의 부를 만든 것은 바로 읽고 쓰고 생각하는 습관이었다. 글을 읽으면 꿈이 성장하고, 글을 쓰면 꿈이 이루어진다. 유대인들은 이러한 습관을 대물림하면서 세상 흐름을 보는 통찰력과 마음의 내공을 키웠다.
　우리에게도 이런 잠재력이 있다. 우연히 선현들에 대한 책들을 접하며 알게 된 사실이다. 특히 세종과 다산은 왜 우리가 다양한 글을 읽고 써야 하는지를 분명하게 알려준다. 조선왕조 오백년의 기반에는 세종의 독서 경영이 있었다. 시대를 앞선 지식인이었던 다산은 글쓰기로 통찰력을 키웠다.

세종이 왜 그토록 많은 책을 평생토록 읽고 또 읽었을까? 그것은 자신의 만족을 위해서가 아니라 백성의 번영을 위해서 무엇을 해야 할 것인가를 찾기 위함이었다.

다산은 또 왜 그토록 많은 책을 썼을까? 이 또한 자신을 위해서가 아니라 백성을 위해서 무엇을 해야 할 것인가를 찾기 위함이었다. 다른 사람을 이롭게 하는 일은 결국 나를 이롭게 하는 일이다.

지난해 가을, 나는 이 두 사람의 이야기에 푹 빠져 지냈다. 아니, 그들의 이야기와 사랑에 빠졌다. 사랑처럼 행복한 것이 또 있을까? 사물이든, 자연이든, 사람이든, 사랑에 빠진 순간이 최고의 황홀경이다.

혹독한 시대 상황 속에서 새 역사를 준비한 그들의 혜안에 내 사랑은 점점 깊어만 갔다. 그들을 사랑한 이유를 한 가지만 고르라고 한다면, 그건 백성을 하늘처럼 생각하는 '지극정성'이었다. 백성의 마음을 지극정성으로 어루만져주는 따뜻함은 내 마음을 송두리째 흔들어 놓았다. '마음을 흔들지 못하면 모든 것이 가짜'라는 말이 있듯이, 마음을 흔들면 진짜다.

불현듯, 나는 사명감 같은 것이 가슴에 솟구쳤다. 내가 느낀 사랑을 많은 사람들과 공유하고 싶었다. 우리 역사에 이토록 지극정성으로 백성의 가슴을 따뜻하게 안아주는 리더가 있었다는 사실을 강조하고 싶었다. 미래의 행복을 꿈꾸는 사람이라면 누구나 두 성현의 스토리를 가슴에 담고 살아가야 한다. 이것이 내가 이 책에서 하고 싶은 이야기다.

이쯤에서 부끄러운 고백을 하고자 한다.

내 이름 앞에는 '대한민국 독서 디자이너 1호'라는 수식어가 달린다. 그런데 세종의 독서 편력과 다산의 위대한 저작에 대해 너무 쉽게 생각했다. 어딜 가나 독서경영을 부르짖고 있으면서도 말이다.

나는 그동안 독서야말로 행복한 회사와 가정을 만드는 밑거름이라고 외치며 독서 향기를 나누고자 불철주야 뛰어다녔다. 책과 놀며 연애를 하고, 함께 성장한 시간만 20여 년이다. 하지만 내가 읽었던 지식이나 정보는 대부분 우리 것이 아니었다. 링컨, 나폴레옹, 빌게이츠, 손정의 등 외국의 위인들에 대한 일화나 성공 사례에 목숨 걸고 매달렸던 게 사실이다. 이 책을 쓰면서 우리 역사에 이들만큼 훌륭한 분들이 많다는 사실을 깨달았다.

'독서대왕' 세종은 무작정 읽었고, 반복해서 읽었고, 가슴으로 읽었으며, 읽은 책을 토론하며 신하들과 소통했다. 토론의 꽃을 피우며, 아이디어가 피어났고 창조가 일어났다. 여기에 대한 이야기는 누구이 강조해도 지나치지 않다. 세상을 눈으로 보지 않고 가슴으로 보았던 다산 정약용, 그는 네 살에 천자문을 암기하고, 여섯 살 때 《논어》, 《맹자》를 외우고 다녔다. 고난과 혼란의 세월 속에서 처절히 그를 힘들게 했던 것은 외로움과 고독이었다. 외로울 때마다 글을 썼고, 고독할 때마다 시를 썼다. 그때그때의 마음을 기쁨도 슬픔도 글로 표현했다. 열 살에 시집을 발간했고, 목민심서를 비롯해 유배지에서 18년간 500여 권의 책을 집필하게 되었다. 남자 나이 40에서 58세까지는 최고의 전성기다. 인생 최고의 전성기를 유배지에서 보낸 그가 끊임없이 글을 기록하지 않았다면 어떻게 그 혹독한 세월을 견뎌 낼 수 있었을까? 그를 지탱해 주는 힘은 글을 쓰는 것이었고, 글이 그를 살려내는 기운이었다.

귀하는 어떤가? 고독하고 힘들 때 무엇을 하는가?

무엇이든 홀딱 반해서 읽고 가슴에 풍덩 빠져서 써라. 마음을 촉촉이 적시는 글은 우리의 영혼을 보듬어 준다. 글이라도 쓰지 않으면 미칠 것 같은 순간이 있다. 그땐 망설이지 말고 펜을 집어 들자. 잘 쓰고 못쓰고는 결코 중요하지 않다. 특별히 주제를 잡고 쓰는 것이 아니라, 내 마음 가는 대로 쓰면 된다. 내 마음이 진심이니까….

기업이나 단체에서 강의를 마치고 나올 때 많이 받는 질문이 "어떻게 하면 책을 잘 읽을 수 있나요? 어떻게 하면 글을 잘 쓸 수 있나요?"이다.

질문에 대한 답이다.

"세종처럼 읽고 다산처럼 쓰세요."

2013년 한글날을 앞두고

다이애나 홍

차례

프롤로그 | 읽고 쓰기의 마법 사랑은 운명을 바꾼다

1부   좋은 글은 당신의 운명을 바꾼다

1장   읽기 중독에 빠진 세종 · 15

독서대왕, 가슴으로 읽다 · 17 / 한 번 맛보면 푹 빠져드는 몰입 독서 · 21 /
세종이 보여준 자기계발 5가지 · 25 / 세종, 독서로 조선을 경영하다 · 31

2장   세포와 근육이 기억하는 반복 읽기 · 37

3차 강독의 힘 · 39 / DH 독서법으로 한 시간에 한 권 읽기 · 46 / 가족과 친구가 함께 하는 서점 소풍 · 50

3장   아이디어의 산실, 독서 토론의 꽃을 피우다 · 55

탁구공처럼 의견을 주고받는 브레인스토밍 독서 · 57 / 통합과 융합적 사고를 위한 논쟁 토론 · 62 / 충분한 토론과 좋은 의견에 힘 실어주기 · 65

2부   창조성을 키우는 세종식 독서

4장   사가독서제, 독서 휴가를 떠나라! · 69

독서 휴가는 창조 휴가다 · 71   /   창조의 저력, 집중과 몰입 · 75   /   독서 친구들과 떠나는 독서 여행 · 78   /   상상망치, 남이섬으로 떠나는 독서 여행 · 83   /   푸른 소나무와 파란 하늘 그리고 책 한 권 · 88   /   자연이 가장 위대한 책이다 · 90

5장   독서의 힘, 세상을 바꾸다 · 93

책을 사랑한 미국의 세종, 링컨 · 95   /   나폴레옹, 독서로 황제가 되다 · 100   /   세계 최초로 로켓을 쏜 세종 · 104   /   세상을 이끄는 1% 천재들의 독서법 · 108

6장   책을 통해 시대를 읽다 · 111

마음을 나누는 고품격 독서 마케팅 · 113   /   역사서를 읽는 이유는 미래를

알기 위함이다 · 116 / 인문학을 읽는 이유, 그곳에 인생이 있다 · 120 /
고전을 읽어야 하는 이유 · 127 / 좋은 글은 당신의 운명을 바꾼다 · 131

3부   절대 고독, 당신은 다산만큼 고독한가?

7장   온몸을 던져야 명품이 된다 · 137

복사뼈에 구멍이 세 번 뚫리다 · 139 / 절대 고독의 힘 · 143 / 읽는 중
독, 쓰는 중독, 느끼는 중독 · 147 / 절망에서 피어난 축복 · 151

8장   시련 속에 피는 꽃, 글쓰기 · 155

선 자리를 사랑하라 · 157 / 좋은 모범을 찾아 내 목소리로 써라 · 160 /
편지에 담긴 다산의 지극한 자식 사랑 · 166 / 차가워지면 읽고, 뜨거워지
면 써라 · 171

9장   외로움은 잘 쓰면 보약, 못 쓰면 독약 · 177

아름다운 글은 아름다운 마음에서 나온다 · 179 / 외로움은 잘 쓰면 보약,
못 쓰면 독약 · 181 / 지독히 짝사랑하는 시인을 만나라 · 186

4부   내 브랜드를 키우는 최고의 도구, 책 쓰기

10장   다산처럼 글쓰기 · 197

정보를 교통 정리하라 · 199   /   덮어놓고 가지 말고 길을 알고 가라 · 205   /   삶의 완성도를 높여주는 글쓰기 시스템 · 209

11장   어깨에 힘을 빼면 아이디어가 샘솟는다 · 213

다산의 기록정신과 사색정신 · 215   /   좋은 글쓰기는 융합, 진화 발전한다 · 217   /   섹시한 글은 자기 색깔이 분명하다 · 220

12장   브랜드를 키우는 최고의 도구, 책 쓰기 · 225

내가 쓴 책은 곧 나의 브랜드다 · 227   /   마음을 훔치는 폭발적인 힘, 스토리 · 230   /   연애편지를 쓰듯 달콤하게 써라 · 234   /   글은 말보다 뒷모습이 아름답다 · 237

에필로그 | 지극정성이면 불가능은 없다 · 240

1부

좋은 글은
당신의 운명을 바꾼다

책을 읽는 것은 저자의 가슴과 내 가슴이 만나는 것이다.
'독서대왕' 세종은 깊은 가슴의 울림을 들을 수 있을 때까지 끈질기게 다시 읽었다.
사람들은 한 권의 책을 다 읽었는데 머리에 남는 게 없다고 한다. 눈으로만 읽기 때문이다.
세종처럼 책을 읽어 가슴에 느낌표를 찍어라. 그래야 진짜 독서다.

1장
읽기 중독에 빠진 세종

"임금의 직책은 하늘을 대신해 만물을 다스리는 것이다. 진실로 차별 없이 만물을 다스려야 할 임금이 어찌 양민과 천민을 구별해서 다스리겠는가."

— 세종이 노비 학대 사건을 두고 의금부 관리와 나눈 대화 중에서

독서대왕, 가슴으로 읽다

매년 새해가 되면, 굳은 의지를 담은 꿈의 계획을 세운다.

나도 몇 년 전 새해를 맞아 222 법칙을 세웠다. 하루 두 시간 운동, 두 시간 책 읽기, 두 시간 글쓰기라는 원대한 목표다.

지금도 과연 잘 지키고 있는가?

솔직히 고백하면 그렇지 못하다. 그렇다고 계획을 수정하고 싶지는 않다. 목표는 높게 잡아야 실천하는 의지도 높아지기 때문이다. 하루 두 시간 운동과 두 시간 책 읽기는 그럭저럭 지켜지는데, 두 시간 글쓰기는 정말이지 쉽지 않다. 책을 읽는 것은 휴식이며, 운동하는 것은 에너지 충전이다. 하지만 창조적인 글을 쓰는 일은 고독의 시간부터 확보해야 하는데, 쉬운 일이 아니다. 무언가를 제대로 쓰기 위해서는 가슴을 데워야 하는데, 최소한 한두 시간은 걸린다. 그래서 최대한 영혼이 자유로이 날개를 펼쳐야 글이란 걸 쓸 수 있다.

무엇보다 중요한 건 평소의 읽기 습관이다. 첫째도 둘째도 셋째도 읽지 않으면 제대로 쓸 수 없다는 것이 감히 말하는 나의 지론이다. 좋은 글을 쓰기 위해서는 반드시 읽기 중독이 선행되어야 한다.

글쓰기의 비법이 있다면 오직 하나다. 많이 읽고 많이 쓰는 것. 그렇다면 어떻게 읽어야 할까?

독서경영 강의를 하는 나는 늘 공통된 질문을 받는다.

어떻게 하면 책을 더 잘 읽을 수 있나요?

한마디로 답하자면, 눈으로 읽지 말고, 머리로 읽지 말고, 가슴으로 읽으라는 것이다.

책을 읽는 것은 저자의 가슴과 내 가슴이 만나는 것이다. 깊은 가슴의 울림을 들을 수 있어야 진정한 독서가 되는 것이다.

요즘 나에게 독서 스승을 묻는다면 단연 세종대왕이다.

세종의 책읽기는 진정한 독서가 무엇인가를 쉽게 알려 준다. 그는 어린 시절부터 책에서 깊은 가슴의 울림을 들을 수 있을 때까지 끈질기게 책을 읽었다. 너무 많이 읽어 눈병을 달고 살 정도였다. 책 한 권을 백번씩 읽었는데 밥 먹을 때도 책을 손에서 놓지 않았다.

오죽하면 아버지 태종은 어느 날 눈병으로 눈이 충혈된 아들에게 책을 모조리 치우라고 명했다. 아들은 이번엔 외롭고 심심해서 앓아누웠다.

충녕(세종)은 여기저기 방안을 두리번거렸다. 마침내 병풍 밑에서 책을 발견! 어찌나 반가운지 눈이 번쩍 뜨였다. 그 책은 바로 구양수와 소동파가 주고받은 시를 정리한 《구소수간》이었다. 충녕은 이 책을 읽고 또 읽어 나중에는 거의 다 외워버렸다.

세종이 얼마나 책 읽기를 좋아했는지를 잘 보여주는 또 다른 일화를 소개한다.

충녕의 첫째 형님 양녕대군은 술과 여자를 좋아했는데, 하루는 늦은 밤 양녕 대군이 그를 찾아왔다.

"형님께서 이 시각에 여긴 어인 일이신지요?"

"내가 부탁이 하나 있다네. 어제 대궐 밖 주막에서 마시다 두고 온 술이 있는데…." 이때, 충녕이 말을 끊는다.

"형님, 이러시면 아니 되옵니다!"

그러자 다시 돌아오는 대답이 당황스러웠다.

"어허, 마시다 만 술은 다 마셔야 하지 않겠소. 오늘 밤만이라도 내 방에서 나 대신 책을 읽어 주시오."

세자인 양녕대군은 무섭게 밖으로 나갔고, 담장을 뛰어넘어 대궐 밖으로 나갔다. 충녕은 부탁대로 형님 방에서 소리 내어 책을 읽었다.

마침 태종이 세자의 방 앞을 지나갔다. 책 읽는 소리에 흐뭇한 태종은 기특한 마음에 칭찬을 해주려고 방문 근처로 움직였다. 잠시 머뭇거리던 그는 다시 발걸음을 돌렸다. 공부에 방해될까 봐 그 다음날 아침에 칭찬해주기로 한 것이다. 그 와중에 충녕의 가슴은 콩닥콩닥 뛰며 새가슴이 되었다.

다음날 태종은 하인을 시켜 세자를 불러오게 했다. 세자를 찾으러 간 하인들은 난리가 났다. 세자가 간밤에 대궐을 나가 돌아오지 않았기 때문이다. 곧바로 어젯밤 세자 방에서 책을 읽고 있었던 사람이 바로 세종이었다는 사실이 태종의 귀에 들어갔다. 이 사건은 양녕대군이 세자 자리를 놓치게 되는 결정적 사건이 되었다는 후문이 있다. 그리고 그 자리는 충녕이 채우게 되었다. 학문을 좋아하여 추울 때나 더울 때나 책 읽기를 좋아한 그는 대신들의 강력한 추천으로 세자 자리에 올랐다. 그의 나이 22살

때의 일이었다. 같은 해에 조선의 4대 임금이 된 그는 왕위에 오른 뒤에도 책 읽기를 멈추지 않았다.

세종은 집현전 학사들과 함께 공부를 함께하며 정무를 돌보았다. 자그마치 70권으로 구성된 《성리대전性理大全》부터 일종의 전문 서적인 《홍무정운洪武正韻》까지 독파했다. 말과 글의 원리가 들어 있는 《홍무정운》은 그의 업적에 중요한 변수가 되었다. 훗날 세종이 《훈민정음訓民正音》을 편찬하는 데 있어 중요한 자료가 된 것이 이 책이다. 세종의 《훈민정음》에는 독서로 다져진 방대한 지식과 일에 대한 뜨거운 열정, 그리고 백성을 사랑하는 마음이 한데 엮였다. 여기에서 오늘날 우리가 쓰고 있는 한글이 탄생했다.

훈민정음은 '백성을 가르치는 바른 소리'라는 뜻이다. 이렇게 해서 만들어진 한글, 그 한글이 있기에 우리는 책을 읽고 글을 쓰고 삶의 행복을 찾아 꿈을 키워 나간다.

한 번 맛보면 푹 빠져드는 몰입 독서

사람들은 한 권의 책을 다 읽었는데, 머리에 남는 것이 없다고 한다. 왜 그럴까?

눈으로 읽었기 때문이다. 책은 머리에 남기는 것이 아니라, 가슴에 느낌표를 찍는 것이다. 느낌표는 어느 날 아이디어가 막힐 때 번쩍 스파크를 일으키기도 하고, 새로운 무언가를 시도할 때 새로운 감각을 키워 주기도 한다. 그렇기 때문에 이렇게 말할 수 있다. 5년 전, 10년 전에 읽었던 책들은 지금의 나를 만들어 주었고, 지금 읽고 있는 책들은 5년 후, 10년 후 내 모습을 만들어 줄 것이라고···.

나를 흠뻑 빠져들게 할 수 있는 책은 어떤 책일까? 우선은 누가 뭐라해도 관심 분야의 책이다. 음식은 편식하면 안 되지만, 독서는 편독을 해도 좋다. 아니, 편독이라도 하는 게 좋다. 편독이 시작이라도 책의 향기에 흠뻑 빠지면 결국은 다방면으로 읽게 된다. 한 분야의 책을 꾸준히 읽게 되면, 자연스럽게 다른 분야의 책을 접근하게 되는 게 나의 경험에서 나온 이치다. 책 읽기를 좋아하는 사람이라면 모두 공감하는 사실이다.

나의 독서 인생은 스물두 살 때부터 출발했다.

어린 나이에 학원 사업을 하게 된 것이 운명처럼 책을 읽게 만들었다. 책을 읽지 않고는 경영을 할 수 없다는 것을 현실에서 절실히 느꼈기 때문이다. 그것은 미래에 대한 두려움이었다. 부족한 내가 경영을 잘할 수 있을까? 실패하면 어떡하지? 시도 때도 없이 찾아오는 두려움은 날마다 가슴을 눌렀다. 늘 불안하고 걱정이 앞섰다. 그럴 때마다 위안을 준 건 책이었다. 무엇인가를 읽고 나면 신기하게도 두려움은 충만함으로 바뀌고 걱정은 희망으로 살아났다.

당시 읽었던 책들은 대부분 자서전이었다. 어려움을 겪고 성공의 꽃을 피운 이야기를 담은 성공스토리는 불안하고 걱정으로 두려워하는 내 마음에 자신감과 확신을 심어주기에 충분했다.

주인공들 중에는 가난한 집에서 태어나 초등학교도 못 나온 이도 있었고, 몸이 허약해 어릴 적 병마에 시달리던 사람도 있었다. 그들이 고난과 시련 속에 피워낸 아름다운 결실은 어린 경영자였던 내 마음에 커다란 등불이 되어 주었다. 자서전에 대한 흥미는 자기계발서로, 또다시 경제 · 경영, 마케팅, 인문 철학, 고전으로 이어졌다. 돌아보면 내가 경험한 모든 독서는 서로 연결되어 있다.

요컨대, 독서의 꽃은 역시 내 관심 분야의 책이다. 내가 관심이 있어야 빠져들고, 흥미가 있어야 몰입할 수 있다. 몰입 독서야말로 가슴과 가슴의 대화이다.

최근 고전에 관심이 생긴 내게 박현모 교수의 《세종처럼》이란 책은 강한 인상으로 다가왔다. 글 하나하나가 절절히 가슴에 와 닿았다.

그 옛날 세종의 인재 경영과 혁신 경영이 오늘날 내게 감동으로 다가온 건 왜였을까?

기업에서 독서경영 강의를 하면서 느낀 것이지만, 잘 되는 회사는 인재와 혁신 역량을 제대로 경영할 줄 아는 것을 넘어 생활화한다. 우리 역사에서 그 뿌리를 찾아본다면 세종의 리더십에 있다. 세종처럼만 하면 실패하는 기업이 없을 것이며, 성장하지 않을 수 없다. 《세종처럼》에 감동을 느낀 사람이라면 누구도 부인하지 않을 것이다.

마지막 책장을 덮고, 불현듯 궁금증이 들었다.

이 책을 쓴 저자는 어떤 분일까? 어떻게 해서 이 책을 쓰게 되었을까?

특히 세종의 독서경영 부분에 대해 더 많이 알고 싶었다. 그래서 과감히 문을 두드렸다. 자고로 진심을 다해 두드린 문은 열리는 법이다. 무작정 연락을 해 저자 박현모 교수를 꼭 좀 뵙고 싶다고 말했다. 박 교수는 나를 반가이 맞아 주신 건 물론이고 자신의 저서에 얽힌 뒷얘기까지 허심탄회하게 털어놓았다.

원래 박현모 교수는 《세종처럼》을 쓰기 직전에 정조 임금을 연구했었다고 한다. 정조 임금을 연구하다보니 나온 주제가 세종이다. 정조의 원형, 그러니까 정조가 가장 존경하는 분이 바로 세종이었다는 사실에 주목한 것이다. 그렇게 정조에 대한 탐구는 자연스레 세종에 대한 관심으로 이어진 것이다. 처음에 관심을 가졌던 책들이 또 다른 분야의 독서로 이어지는 몰입 독서의 대표적인 사례라고 할 수 있다.

나는 지난해 《다섯 친구》라는 책을 썼다. 많은 독자들의 메일을 받았는데, 그중에 특별한 메일이 왔다. 꼭 한번 찾아뵙고 싶다는 한 사람이 있었다. 책 내용이 본인에게 꼭 맞는 메시지였고, 크게 공감해서 저자를 직접 만나 책이야기를 더 나누고 싶어 했다. 바로 《부자통장》의 저자 박종기 대표다. 박 대표는 《부자 탄생》, 《젊은 부자》 등의 책을 내면서 많은 아이디어를 공유했다. 이처럼 책을 매개로 다양한 사람과 만나게 되는 것도 몰입 독서가 주는 일종의 보너스라고 할 수 있겠다.

세종이 보여준 자기계발 5가지

세종은 자기계발의 대가였다. 경전을 먼저 읽고 다음엔 역사서로 관심 분야를 점점 넓혔다. 독서를 통해 쌓인 소양으로 평소 사람됨을 우선시했다. 자기성찰이 되지 않고서 어찌 나라를 다스릴 수 있을까? 자신을 먼저 수양한 후 주위를 다스린다는 의미의 수신제가치국평천하(修身齊家治國平天下) 는 세종을 비롯한 우리 옛 조상들의 중요한 신조였다. 자기관리부터 되어야 다른 일도 할 수 있다는 의미다. 당대는 물론 후세에서도 존경받는 세종은 어떻게 자기관리를 했을까?

첫째, 독서를 위해 하루를 길게 쓴다.

세종은 이른 새벽 눈을 뜨면 책 읽기로 하루를 열었다. 좋은 책은 과거 가장 뛰어난 사람과 대화를 나누는 것이나 마찬가지다. 그는 말했다.

"책은 내 안의 두려움과 아득함을 위로하고 어루만져 주었다. 책 읽기는 평생을 해야 할 숙제와 같은 것이니, 하루하루 헛되이 보내는 날 없이 책을 곁에 두고 보았으면 좋겠다."

새벽형 인간이든 저녁형 인간이든 자기스타일에 맞게 독서를 위한 시간을 확보하는 것이 중요하다. 규칙적으로 자기계발을 할 수 있는 습관을 만드는 것이다. 이를 위해서는 자투리 시간을 잘 활용해야 한다. 반신욕 독서는 나의 시간 관리 첫 번째 습관이다. 내게 아침 운동 후 목욕은 필수인데, 책도 봐야하고 목욕도 해야 한다. 고민 끝에 찾은 해결책이 반신욕 독서이다. 반신욕 독서로 하루에 한 권을 읽는 일은 거의 20년째 이루어져 중독같이 되었다. 아침 독서 시간은 하루 중에 최고로 행복한 시간이기도 하다. 비누는 우리 몸에 때를 씻어주지만, 책은 우리 영혼을 씻어준다. 일상이 바쁘더라도 어떤 형태든 자기계발은 가능하다. 출퇴근 시간을 이용해도 된다. 지하철에 사람들로 혼잡해 책을 볼 수 없다면 최소한 이어폰으로 어학이라도 공부하라. 당신의 손에는 늘 스마트폰이 들려져 있지 않은가? 변화를 원한다면 당장 습관부터 바꿔야 한다.

둘째, 다른 사람과 토론하면서 배운다.

세종은 회의 때면 한 사람씩 자신의 의견을 충분히 말하게 했다. 그만큼 신하들의 의견을 존중했다. 이를 통해 현장의 생생한 정보를 알 수 있었고, 토론을 통해 새로운 발상을 얻는 것도 가능했다.

함께하면 풍요로워진다. 주고받는 대화에서 뜻하지 않게 좋은 아이디어가 나온다. 아이디어는 내 생각과 다른 사람의 생각이 융합되어 진화 발전되는 과정에서 생산된다. 탁월한 아이디어는 자유로운 공간과 넘치는 정보에서 탄생하는 것이다.

매월 진행하는 서울대 AIP 독서클럽은 다행히 다들 책을 읽고 참석하는 편이다. 그러나 전경련 IMI 독서클럽 회원들은 대부분 책을 읽지 않고 참석한다. 이 두 독서클럽을 동시에 독서 코칭하면서 큰 차이점을 발견했다. 책을 읽고 오는 서울대 AIP 회원들은 토론이 아주 활발하다. 반면, 전경련 IMI 독서클럽 회원들은 토론을 시작하면 조용해진다. 두 그룹의 공통점을 찾는다면, 토론이 이루어지고 난 뒤의 모습이다. 소수라도 책을 읽고 온 사람들이 자신의 의견을 자연스럽게 말하고, 생각을 주고받는 모습에서 책 내용이 다른 이들에게도 충분히 이해가 되고 전달되어진다. 오고가는 토론에서 책의 핵심 내용이 요약되고 현실에 적용 가능한 새로운 아이디어로 발전한다. 바로 이런 게 토론이 주는 힘이다.

셋째, 깊이 있게 학습한다.

세종은 경서를 100번이나 반복해서 읽었고, 역사책은 30번을 반복해서 읽었다. 책 내용을 다 외울 정도로 깊이 있는 독서를 했다. 대충대충 읽지 않았다는 것이다. 깊이 있는 독서를 위해서는 집중과 몰입이 필수다. 많이 읽는 것보다 제대로 읽는 것이 중요하다. 가슴으로 스며드는 독서, 세포에 녹아드는 독서를 하고 그것을 진짜 실행에 옮길 때 진짜 독서를 한 것이다.

나는 이런 독서를 하는 몇몇 기업인을 안다. 독서 코칭을 할 때 만난 포스코ICT의 최 모 상무가 대표적이다. 그는 한 권의 책에 대해 토론하면서 최소 3~4권의 책으로 보충 설명을 한다. 각각의 책을 깊이 있게 읽지 않으면 할 수 없는 일이다. 독서 모임에 함께 참여하는 임원들은 그의 책에 대한 깊은 이해에 늘 최고의 찬사를 보낸다.

깊이 있는 독서는 새로운 호기심을 낳는다. 나는 김상근 교수의 《사람의 마음을 얻는 법》을 읽으면서 메디치가의 350년 지속 경영의 비밀을 지닌 마키아벨리의 삶이 궁금해졌다. 마키아벨리의《군주론》을 읽으니 어느 정도 궁금증이 해소됐지만 충분치는 않았다. 그가 과연 어떤 사람이었는지, 어떤 삶을 살았는지 구체적인 내용에 호기심이 발동했다. 찾으면 열린다. 마침 김상근 교수는《마키아벨리》라는 책을 세상에 내놓았다. 마키아벨리란 인물에 대해 공부하고 싶은 이들이라면 강력 추천하는 책이다.

넷째, 폭넓게 학습한다.

옛날에는 출판물의 편수가 많지 않았다. 그렇다 하더라도 세종이 읽지 않는 책이 없다고 할 정도였으니 얼마나 폭넓은 독서를 했는지 알 수 있다. 모든 책은 서로 연결되어 있다. 지적 호기심을 따라 책장을 넘겨라. 목적과 호기심이 없는 책은 중심 가지가 없는 주변 가지일 뿐이다.

그래서 관심 분야의 책부터 읽어야 한다. 나의 경우 늘 미래에 대한 막연한 불안과 걱정이 있었다. 불안과 걱정을 해결하기 위해 읽었던 책이 엘빈 토플러의《미래쇼크》,《권력이동》,《제3의 물결》,《부의 미래》이다. 시대적 상황에 맞게 잘 쓰진 책은 지금의 현실과 다가올 미래 세상을 잘 연결해준다. 다니엘 핑크의《새로운 미래가 온다》, 자크 아탈리의《미래의 물결》,《세계는 누가 지배할 것인가》등의 책에서 미래 세상에 대한 힌트를 얻을 수 있었다.

다섯째, 자기계발은 다른 사람을 위한 것임을 잊지 말자.

세종은 왜 그토록 많은 책을 평생토록 읽고 또 읽었을까? 그것은 자신의 만족을 위해서가 아니라 백성을 위해서 무엇을 해야 할 것인가를 찾기 위함이었다. 세종이 보인 백성을 향한 지극정성은 꾸준한 자기성찰에서 왔다.

다른 사람을 이롭게 하는 일은 결국 나를 이롭게 하는 것이다. 일반적으로 생각하는 자기계발의 1차 목적은 개인의 성장과 발전이다. 책을 읽고, 강연을 듣고, 어학을 공부하고, 취미 활동을 하는 이 모든 일은 나를 발전시키는 도구이다. 배우고 행하고 이루어내는 힘은 자기계발의 성과물이다. 이런 자신의 성장은 주변 사람들의 성장으로 이어질 수 있다. 또는 그만큼 성장한 사람들과의 만남으로 이어진다. 내 주위에 성공한 사람이 많다는 것은 내가 그만큼 성공한 삶에 가까이 왔다는 것이다. 내 주위에 행복한 사람이 많다는 것도 역시 내가 행복한 삶을 만들어가고 있다는 것을 의미한다. 내 인생의 궤적에 어떤 사람들이 함께 하느냐는 순전히 자기계발에서 오는 결과물이다.

인기 작가 이지성 씨의 자기계발은 참으로 눈물 나도록 처절했다. 무명 시절만 14년 7개월. 길고도 긴 세월은 고통과 절망의 시간이었다. 그의 꿈은 주위 사람들로부터 철저히 무시당했다. 꾸준한 자기계발과 희망을 잃지 않는 태도로 결국 베스트셀러 작가로 등극한 그는 자신의 경험을 밑바탕 삼아 많은 독자들에게 꿈과 용기를 주고 있다. 나아가 아름다운 나눔의 정신까지 보여준다. 세계 3대 빈민 도시로 불리는 필리핀 톤도의 파롤라 마을을 직접 후원하고 있다고 한다. 한 눈에 다 들어오지 않을 정도의 거대한 쓰레기 산이 마을 전체를 뒤덮고 있어 쓰레기 마을이라고 부르는 곳에 자신이 키운 희망을 나누어 주고 있는 것이다.

이처럼 아름다운 성공을 하게 된 그를 만든 요소들은 지독함으로 요약된다. 지독한 글쓰기, 지독한 육체노동, 지독한 가난, 지독한 가정불화, 지독한 미래 갈망이 오늘날 그를 만들었다. 성공한 사람의 과거는 비참할수록 빛난다는 말은 이를 두고 한 말이다. 자기계발 분야 베스트셀러 작가로 성공한 그는 자기계발이 사회계발, 국가계발, 세계계발로 연결되어야 의미 있다고 주장한다. 그는 이런 철학을 행동으로 보여주고 있다.

세종, 독서로 조선을 경영하다

독서경영은 자기경영이다. 치국평천하(治國平天下)의 전제는 수신제가(修身齊家)이다. 책을 읽으며 나를 닦는 습관이 있다면 일단 자기관리가 되고 있다는 것이다. 책이 주는 메시지는 언제나 나를 성찰하고 세상의 흐름을 통찰하는 마법 같은 힘이 있다.

세종의 독서 방식은 백독백습(百讀百習)이다. 100번 읽고 100번 쓴다는 뜻이다. 현대에는 재독법(再讀法)이라 부르는 이 독서법은 같은 책을 여러 번 읽어 그 뜻에 통달하는 것을 목적으로 한다.

독서가 그를 왕으로 만들었다면, 독서대왕 세종은 조선을 어떻게 경영했을까? 박현모 한국학중앙연구원 연구교수가 쓴 《세종처럼》의 책 첫머리에 보면 세종의 국가 경영 마인드맵에 대하여 자세히 설명되어 있다. 핵심은 두 가지 키워드로 설명할 수 있다. 이른바 혁신경영과 인재경영이다.

이 두 가지는 오늘날 국가경영과 기업경영에 있어 필수 요건이다. 이런 혁신경영과 인재경영의 기본은 무엇인가? 바로 독서다. 새로운 변화를 추구하는 혁신의 뿌리는 공부를 하는 것이고, 인재경영은 배움에서 시작된다.

배움에 부지런했던 충녕은 정치의 대체를 일찍부터 파악했다. 왕이 되기 전부터 자신도 모르게 왕위 계승의 준비가 되어 있었다. 《태종실록》에서 태종은 말한다.

"충녕대군이 천성이 총민하고 학문을 게을리하지 않아서 몹시 춥거나 더운 날씨에도 밤을 새워 글을 읽는다. 또 정치에 대한 대체를 알아서 언제나 나라에 큰일이 생겼을 때 의견을 내는 데 소견이 범상치 않고 뛰어나다. 또 그 아들 중에 장차 크게 될 자격을 지닌 자가 있으니 내 이제 충녕을 세자로 삼고자 하노라."

백성과 신하를 다스림에 있어 가장 중요한 것은 마음을 닦는 일이었다. 세종은 어릴 적부터 독서로 마음을 닦았고, 왕이 된 후에도 독서로 마음 닦는 일을 멈추지 않았다.

과연 이런 그가 어떠한 마음으로 국가를 경영했을까? 그에겐 처음부터 끝까지 백성이었다. 《세종실록》 곳곳에 나오는 세종의 말이 이를 증명한다.

> 백성은 나라의 근본이니, 근본이 튼튼해야만 나라가 평안하게 된다.
> ─《세종실록》, 1423년 7월 31일

> 나라를 다스리는 법은 우선 믿음을 보이는 데 있다.
> ─《세종실록》, 1425년 4월 14일

이를 위해 세종이 즉위하고 최초로 한 말이 "의논하자"였다. 그래서 신하들은 세종을 '토론을 즐기는 군주'라고 불렀다. 세종은 그 어떤 임금들보다 좋은 아이디어를 뽑아서 정책을 만드는 데 뛰어났다. 리더의 중요한 덕목은 신하들의 이야기를 잘 챙겨듣는 것이다. 토론의 힘은 막강하다. 혼자의 생각보다 여러 사람의 생각이 융합될 때 아이디어는 진화 발전한다.

그가 진행한 거의 모든 토론의 핵심은 민본(民本), 혹은 백성에 있었다. 《세종실록》에는 30회 가까이 민본에 관련된 말이 언급된다. "백성은 나라의 근본이니, 근본이 튼튼해야만 나라가 평안하게 된다"든지 "임금의 직책은 하늘을 대신해 만물을 다스리는 것이다. 진실로 차별 없이 만물을 다스려야 할 임금이 어찌 양민과 천인을 구별해서 다스리겠는가"와 같은 말이 대표적이다. 이런 세종의 돋보이는 실적으로는 총 세 가지가 있다. 박현모 교수에 의하면 첫째는 약자에 대한 배려와 보호 대책, 둘째는 국가의 안전 보장, 셋째는 백성의 삶을 위해 시간과 문자를 백성들에게 내어준 것 등이다. 모든 실적 뒤엔 탄탄한 국방력이 있었다. 세종 시대에는 외구나 여진족에 대한 강력한 토벌 활동과 4군 6진의 영토 개척으로 오늘날 한반도 모습의 기틀을 마련했다.

이 모든 일을 세종 혼자하지는 못했을 것이다. 그가 신임하는 인재들의 역할이 컸다.

훌륭한 리더는 언제나 훌륭한 인재를 경영하는 것을 우선시한다. 마이크로소프트의 창업주인 빌 게이츠에게 가장 중요한 업무는 날만 새면 인재를 찾는 것이었다. 그는 바닷가 모래알에서 바늘을 찾듯이 전 세계에 숨어있는 인재를 찾는 일에 몰두했다.

세종도 그랬다. 인재는 국가의 지극한 보배라는 것이 그의 철학이다. 이런 세종에게 국왕이 제대로 된 인재를 쓰지 못하는 것은 인재를 알아보는 눈이 없거나 절실하게 구하지 않아서이다. 국왕과 인재의 뜻이 합치되지 못해도 함께하기 어렵다. 요즘으로 말하면 코드가 맞아야 한다는 것이다.

세종이 인재를 발탁하는 데는 특별한 요령이 있었다. 인재를 최종 발탁할 때까지 모든 것을 비밀에 부치고 후보들 간에 경쟁심과 긴장감을 유발시켰다. 각자의 잠재력을 최대한으로 끌어올렸던 것이다. 이는 신하들의 자발적인 열의를 이끌어내는 훌륭한 방법이었다. 그러면서도 노신(老臣)들을 배려한 장단기적인 목표를 세워 두고 노장청(老壯靑)의 조화를 잘 이끌어냈다. 이러한 세종의 인재 관리법은 한국인의 특색에 가장 적합한 방식이라 평가된다.

세종을 연구하면서 광화문을 찾았다.
책벌레인 나의 눈으로 봤을 때 광화문에는 교보문고만 있는 것이 아니었다. 광화문 광장에선 세종의 모습이 든든하게 대한민국의 중심을 잡아주고 있었다. 세종대왕이 뭔가 이야기를 하려는 것 같은 동상이다. 손을 내밀고 편안히 웃는 인자한 모습. 역시 한 손에는 책을 들고 있다. 그를 한참 바라보다 세종이야기 박물관을 견학했다.
솔직히 견학 전에는 이런 곳이 있는 줄 몰랐다.
동상 뒤쪽에 이렇게 비밀 요새로 들어가는 문이 있을 줄이야. 조그만 전시실 정도를 생각했다가 지하로 들어서고는 깜짝 놀랐다. 세종대왕에 관련된 다양한 발명품들이 전시되어 있었다. 한글 기획 전시실과 4D 체험관에서는 생생한 역사의 현장을 경험했다. 그곳에서는 내외국인 대상 상설 체험 프로그램은 물론, 어린이 대상 방학 교육 프로그램까지 각종 맞춤형 교육이 진행되기도 한다.

  세종의 대표적인 발명품인 한글은 세계적이다.

  인도네시아 소수 민족인 '찌아찌아족'에겐 고유의 언어는 있으나 고유 문자가 없다. 그래서 세종의 대표적인 발명품인 한글을 부족어 표기에 적용해 보고 있는 중이라고 한다. 한국인이 가장 존경하고 자랑스러워하는 세종대왕의 흔적을 보면, 진정한 창조가 무엇인가를 말해준다.

2장

세포와 근육이 기억하는 반복 읽기

"세종 원년 3월 27일자 실록에 보면《대학연의》를 종강하였다는 기록이 보인다. 읽기 시작한 지 5개월 만에 드디어 책 한 권을 다 읽었다는 것이다. 세종은 읽기는 다 읽었으나 또 읽고 싶다고 말한다. 다시 상세히 읽겠다는 것이다."

– 박현모 한국학중앙연구원 연구교수의《세종처럼》중에서

3차 강독의 힘

나는 영화 보기를 즐긴다.

좋은 영화는 가능하면 두 번 반복해서 본다. 볼 때 기분이 좋고, 보고 난 후에도 여전히 기분이 좋기 때문이다. 이런 영화는 명작이다. 예전에 내가 낸 책인 《다섯 친구》에서 두 번씩 본 영화를 소개한 적 있다. 〈어거스트 러쉬〉, 〈블랙〉, 〈아바타〉, 〈레터스 투 줄리엣〉, 〈맘마미아〉, 〈신기전〉 등이 그렇다. 이런 영화들은 가슴에 감성의 샘을 마르지 않게 한다.

좋은 책은 한 번 읽고 그냥 두기엔 아까울 때가 많다. 나의 서재는 특별석, 일등석, 이등석, 삼등석, 입석으로 구분되어 있다. 특별석과 일등석 책꽂이에 꽂힌 책은 대부분 두 번 이상 반복해서 읽은 책들이다. 읽어도 무슨 내용인지 별 의미가 없는 책도 있다. 그런 책은 입석 자리에 꽂힌다. 이런 기준으로 하면 아마도 《대학연의》라는 책은 세종의 책꽂이 중에서도 특별석에 자리하고 있었을 것이다.

박현모 교수가 쓴 《세종처럼》을 보면 아래와 같은 대목이 나온다.

세종 원년 3월 27일자 실록에 보면《대학연의》를 종강하였다는 기록이 보인다. 읽기 시작한지 5개월 만에 드디어 책 한 권을 다 읽었다는 것이다. 그런데 세종은 읽기는 다 읽었으나 또 읽고 싶다고 말한다. '다시 상세히 읽겠다'는 것이다. 실제로 세종은 사흘 후에 2차 강독에 들어간다. 그리고 100여 일 만에 강독을 마친다. 그런데 세종은 그로부터 7년이 지난 세종 8년 7월에 3차 강독에 들어갔다. 남달리 총명했던 세종이 그처럼《대학연의》를 연속적으로 강독한 이유가 무엇일까?

그것은《대학연의》가 단순한 강독 교재가 아니라, 세종 자신의 철학이 담겨 있기 때문이었다. 신하들과 함께 읽으면서 통치 철학을 알게 하고, 토론에서 내려진 결정을 권위 있게 받아들이도록 함이었다.

세종은《대학연의》를 어떤 책보다 더 많이 반복해서 읽었다고 한다. 그래서 처음으로 경연(經筵)을 열 때 선택된 책도《대학연의》다.

이 책은 송나라의 진덕수가 사서 중의 하나인《대학》을 부연 설명해 놓은 책이다. 대학의 체제란 다름 아닌 수신 차원, 제가 차원, 치국 차원, 평천하 차원을 말한다.

《대학연의》는 나라를 다스리기 위해서 국왕이 해야 할 아홉 가지 덕목을 다음과 같이 말하고 있다.

1. 수신(修身), 자기 경영을 말한다.
2. 존현(尊賢), 현자를 존중한다.
3. 친친(親親), 친척 내지 친한 사람과 화목하게 지낸다.
4. 경대신(敬大臣), 나라의 원로를 존중한다.

5. 체군신(體群臣), 여러 신하들의 입장을 모두 받아 생각한다.
6. 자서민(子庶民), 어리고 연약한 백성들을 자식처럼 사랑한다.
7. 래백공(來百工), 전문 인력을 스카우트한다.
8. 유원인(柔遠人), 외국인을 포용하고 유화한다.
9. 회제후(懷諸侯), 주변국과 협력한다.

이런 아홉 가지 덕목을 깊이 새겨보면, 나라를 이끌어가는 위대한 리더의 모습이 그대로 들어있다. 가정의 아버지나 어머니에게도 그대로 해당되는 사항이다.

포스코ICT에서도 세종의 《대학연의》의 경우처럼 3차 강독을 한 예가 있다. 지난 가을에 선정된 책으로 《멀티플라이어》와 《무엇이 우리의 성과를 방해하는가》, 이 두 권의 책이 그랬다.

멀티플라이어란 사람의 능력을 최대한 끌어내는 리더를 말한다. 덧셈이 아니라, 곱셈으로 인재를 키워가는 리더이다. 저자는 이 책에서 두 종류의 사람을 소개한다. 덧셈의 논리에 빠진 사람과 곱셈의 논리를 따르는 사람, 각각의 유형이다. 덧셈의 논리에 따르면 직원들은 이미 최대한도로 일을 하고 있어 과로 상태에 빠졌으며, 이 상황을 벗어나기 위해선 인력을 더 늘려야 한다는 결론을 내리기 쉽다. 반면에 곱셈의 논리를 따르는 리더는 충분히 활용하지 못한 인력이 많다는 전제로 조직을 본다. 그래서 긍정적인 리더십을 통해 모든 역량을 더 극대화시킬 수 있다는 생각을 한다. 그래서 큰 투자를 하지 않고도 조직 전체의 지성과 능력을 배로 키우는 게 가능하다. 이 곱셈의 논리로 조직을 이끄는 사람이 멀티플라이어라는 리더들이다.

직원의 능력을 정지시키느냐, 확장시키느냐의 선택에 있어 멀티플라이어는 뛰어난 인재를 탁월한 인재로 키워낼 줄 안다. 토론으로 최고의 결정을 이끌어내는 능력도 갖추었다. 기업을 경영하는 CEO 입장에서 포스코ICT의 허 사장(현재는 포스코ICT 상임고문)은 왜 《멀티플라이어》라는 책을 몇 번이고 반복해서 읽고 토론했을까? 바로 허남석 사장의 경영 철학과 통하기 때문이다. 그는 스스로 자신의 조직원들을 누구든 천재로 성장시키는 멀티플라이어 리더가 되고자 했다.

허 사장은 그래서 독서 토론 시간만큼은 꼭 참석했다. 책을 읽고 내용을 충분히 숙지하는 것은 물론이고, 토론을 통해서 임원들과 소통하는 시간도 가졌다. 취임하고 난 후부터 시작해 3년 연속으로 이를 진행했다. 실제로 임원들의 독서 열정은 놀라웠다. 처음부터 독서 열정이 뜨겁지는 않았지만, 사장이 직접 챙기니 임원들 입장에선 책을 안 읽을 수도 없고 토론에 빠질 수도 없었다. 시간이 지남에 따라 임원들의 내공은 놀랍도록 깊어갔다. 사장은 여기에 많은 보람을 느꼈다.

허 사장은 《무엇이 우리의 성과를 방해하는가》라는 책을 통해 진정 우리의 성과를 방해하는 것은 무엇인지 진지하게 점검하고 토론하기도 했다.

무엇이 우리의 성과를 방해할까? 허 사장이 생각한 답은 바로 과부하였다. 무조건 열심히 달린다고 능사는 아니다. 때로는 멈추면 비로소 보인다. 삶에는 쉼표가 필요하다. 멀리 뛰려면 뒤로 한걸음 물러나야 한다. 그래서 '일은 칼같이, 휴식은 꿀같이'하는 자세가 필요하다.

《무엇이 우리의 성과를 방해하는가》의 저자가 소개하는 바이올린 연주자들의 사례를 보자. 솔로 연주자가 되기 위해 연습하는 그룹과 오케스트라 단원이 되기 위해 연습하는 그룹, 그리고 음악 교사가 되기 위해 연습하는 그룹, 세 분류로 연습량을 실험한 결과, 솔로 연주자가 월등히 좋은 결과를 가져왔다. 그 비결은 바로 엄청난 집중과 적절한 휴식이었다. 좋은 성과를 위해서는 직원의 억눌린 욕구를 잘 관리해야 한다. 이때 업무량이 문제가 아니라 업무 방식이 문제가 된다. 일을 할 때 마음의 소음을 없애는 것이 중요하다.

구글에는 낮잠 자는 시간과 운동하는 시간이 있다. 포스코 역시 포레카(Poreka)라는 창의 놀이방을 운영하고 있다. 포스코ICT의 사내 북카페도 창의력을 위한 특별한 장소이다. 커피와 음료, 책, 그리고 예쁘고 싱그러운 초록나무들이 아름답게 조화를 이루고 있는 힐링(healing) 공간이다. 이곳은 직원들이 언제든지 쉬면서 업무에 대한 열정을 재충전할 기회를 준다. 나 역시 매달 독서 코칭을 마치고, 교육 담당자들과의 도서선정과 향후 독서경영 방향을 의논할 때 이 북카페를 이용한다. 내가 즐겨 마시는 차는 레몬차다. 따뜻한 레몬차를 한 모금 마시면 머리는 맑아지고 피로는 사르르 녹아내린다. 독서 강의를 마치고 돌아오는 발걸음엔 언제나 보람과 기쁨이 가득하다.

일이 안 풀린다면 우리의 성과를 방해하는 것들부터 미련 없이 버려야 한다. 재충전의 시간도 필요하다. 충분한 수면, 규칙적인 운동, 적당한 영양 섭취는 기본이다. 모든 능력은 서로 연결되어 있기 때문이다. 몰입과 휴식, 두 개의 기둥이 튼튼해야 한다. 그래야 조직 분위기도 살아난다. 회사의 문화는 보이지 않지만 강력한 경영 자원이다.

최고의 동료가 있을 때 최고의 성과가 나오기 마련이다. 최고의 동료를 얻는 방법은 무엇일까? 가장 쉬운 방법은 내가 먼저 최고의 동료가 되어 주는 것이다.

법정 스님께서 말씀하셨다.

"좋은 친구를 원하는가? 좋은 친구를 원하거든 먼저 좋은 친구가 되어 주어라. 친구란 내 부름에 응답하는 존재이기 때문이다."

법정 스님께서 말한 친구는 리더들에게 있어 조직원들이라고 할 수 있다. 꾸준한 독서를 통해 신하들과 마치 친구 사이처럼 허심탄회하게 토론을 즐긴 세종은 어떻게 책을 읽었을까? 여기 비법이 있다. 바로 주자식 독서법이다. 주자식 독서법은 거경지지(居敬持志), 순서점진(循序漸進), 숙독정사(熟讀精思), 허심함영(虛心涵泳), 절기체찰(切己體察), 착긴용력(着緊用力)으로 구성된다.

1. 정신을 집중한다. - 거경지지(居敬持志)

주자는 책에 집중하려면 읽기 전에 마음을 안정시켜 고요한 물과 맑은 거울처럼 만들어야 한다고 말했다. 독서할 때 정신을 집중해서 책을 읽어야 함을 말한다.

2. 순서에 따라 차근차근 나아간다. - 순서점진(循序漸進)

주자는 한 구절을 읽으면 우선 읽은 구절을 이해해야 한다고 말했다.

3. 정독하면서 깊이 사색한다. - 숙독정사(熟讀精思)

책을 읽은 뒤에 그 내용을 생각하지 않으면 의미를 제대로 알지 못하고, 생각만 하고 읽지 않으면 내용을 충분히 이해하기 힘들다.

4. 열린 마음에서 정신을 노닐게 한다. - 허심함영(虛心涵泳)

주자는 반드시 열린 마음으로 책을 읽어야 한다고 했다.

열린 마음이란, 글을 읽기 전에 그 내용을 미리 단정하거나 추측하지 않고 마음을 비우는 것이다. 편견을 가지고 책을 읽으면 자신의 생각만 고집하는 것과 같다.

5. 체험에서 우러나야 한다. - 절기체찰(切己體察)

주자는 책 읽기가 이야기하는 것과 같은 반복된 체험이라고 말했다.

즉, 책 속의 말을 모두 자신이 경험한 것처럼 이해할 수 있을 때까지 읽어야 깨달음도 따라온다고 했다. 주자는 책을 얻으면 곧바로 읽고, 곧바로 생각하고, 곧바로 실천할 수 있어야 한다고 말했다. 펼치면 우선 읽고 깨달은 것을 실천하려고 노력해야지 단지 생각만 하려고 해서는 안된다는 말이다.

6. 요점을 잡아 힘쓴다. - 착긴용력(着緊用力)

책을 읽으면서 끊임없이 질문하고, 어떤 의미인지 생각하면서 자기 주도적인 책 읽기를 하라고 했다. 밑줄을 긋고, 생각을 적고, 동그라미를 치고, 필요하다면 책을 접기도 해야 한다.

- 《책 속에서 자란 아이 세종대왕》 중에서

DH 독서법으로 한 시간에 한 권 읽기

주자식 독서법으로 세포와 근육에 기억되는 반복 읽기가 가능했다면, DH 독서법으로 한 시간에 한 권 읽기도 도전해볼 만하다. 나의 전작인 《책 속의 향기가 운명을 바꾼다》에서도 소개한 바 있는 DH 독서법을 공개하자면 다음과 같다.

- 1단계 : 목적을 세우고 호기심을 자극하기 위한 프리뷰(preview) 10분

무성한 숲에서 건강한 나무를 찾는 과정과 같은 것이 프리뷰이다. 독서에 있어 숲은 책의 앞뒷면과 프롤로그 등을 포함한다. 앞날개, 뒷날개, 에필로그, 차례도 여기 속한다.

앞면, 즉 표지는 저자가 어떤 콘셉트로 책을 썼는지, 어떤 사람이 책을 집필했는지를 한눈에 공개한다. 책이 말하는 핵심 메시지가 무엇인지 등을 디자인을 통해 상징적으로 보여주기도 한다.

프롤로그와 에필로그에는 미처 본문에 담지 못한 저자의 목소리가 담겨 있다. 일종의 메아리다. 그 소리에 귀 기울이면 다른 사람들이 찾지 못한 나만을 위한 귀한 메시지를 찾을 수도 있다.

차례는 책이라는 숲 안에서 나무와 같다. 나의 경우 건강한 나무를 찾으면 별을 세 개씩 주고 형광펜으로 다시 한 번 옷을 입힌 다음 포스트잇으로 몸을 단장시킨다. 이것은 내 나름대로 책을 오랜 기간 동안 기억에 남기는 방법이다.

- 2단계 : 눈이 아닌 가슴으로 저자를 만나는 하트 리딩(heart reading) 40분

하트 리딩은 숲 안에서 사진을 찍는 과정이다. 키워드를 찾아 찰칵하고 사진을 찍는 것이다. 그런데 대충 눈으로 찍은 사진은 3일도 되지 않아 사라진다. 당신이 천재가 아니라면 말이다. 그래서 키워드 사진은 가슴으로 찍어야 한다. 이때 마음에서 우러나오는 감탄사가 함께 한다. 주의를 집중하면 미래를 결정짓는 영감(靈感)을 느낄 수도 있다.

나는 책 속에서 이런 짜릿함을 만나는 맛에 책을 놓지 못한다. 멋진 문장이라도 만난다면 마치 조개 속에서 진주라도 캐낸 것 같은 기분이다.

책은 반드시 정독하라. 가슴으로 책을 읽으려면 정독은 필수이다. 책 분량이나 난이도에 따라 40분이란 시간이 부족할 수도 있지만 200페이지 내외의 웬만한 책은 꼼꼼히 읽는 게 가능한 시간이다.

처음부터 끝까지 다 읽으라는 얘기가 아니다. 쓸데없는 부담감은 책 읽는 즐거움을 잃게 만든다. DH 독서법 2단계에선 핵심 문장만을 꼼꼼히 살피면 된다.

- 3단계: 세포가 기억할 만큼 반복해서 읽는 스키밍(skimming) 10분

2단계 초벌 읽기를 했다면 이번에는 반복 읽기, 완성 읽기를 할 단계이다. 체크해둔 핵심 문장과 논리 구조를 다시 한 번 가슴으로 만나야 한다. 형광펜으로 옷을 입히고 포스트잇으로 화장을 시켜라.

중요한 문장은 책 여백에 한 번 더 기록하는 것도 좋다. 글이 삶이 되고, 삶이 글이 된다는 말이 있을 만큼 글의 힘은 강하다. 내가 직접 기록한 문장은 마음은 물론 뇌에도 남는다. 심장과 근육으로 기억하는 방식이다. 이렇게 최대한 많은 신체 기관에 메시지를 남기면 내 삶까지도 서서히 바뀐다. 그래서인지 책을 즐겨 읽는 사람은 표정이 밝다.

포스코켐텍 임직원들은 독서를 통해 즐거움을 찾는다.

내가 진행하는 독서코디네이터 과정을 거친 이종열 전무는 물론 김진일 사장(현재는 포스코 철강생산본부장)도 분위기를 유쾌하게 하는 에너지를 지녔다. 어느 날 강의를 마치고 저녁 식사를 함께 하는데 내가 음식을 먹는 것인지, 웃음을 먹는 것인지 모를 정도였다. 웃음의 힘은 놀라웠다. 그날은 혼자 여섯 시간이나 강의를 했지만 웃음으로 소통하는 사장과 교육 담당자들 덕분에 피로가 바람처럼 사라졌다.

이종열 전무는 사내에서 알아주는 독서 마니아다. 이런 그가 《다섯 친구》를 단숨에 읽고 감상평을 편지로 보내 왔다. DH 독서법을 활용해 책을 머리가 아닌 가슴으로 읽은 모범 사례라서 여기 소개한다.

원장님 안녕하세요?

원장님의 마음의 사인이 선명한 책을 읽으며 눈을 뗄 수가 없었습니다.
원장님 마음으로 들여다볼 수 있어 좋았습니다.
가슴으로 쓰는 글이 어떤 건지를 알았습니다.
단숨에 읽어 내려가게 만드는 힘이 있었습니다.
정말 오랜만에 책 한 권을 논스톱으로 읽어버렸네요.

저에겐 운동친구, 독서친구 정도만 있었습니다.
책 속에서 빠져나와보니 여행, 영화, 음악친구도 있어야겠다는 마음을 먹게 되었네요.
특히 영화 이야기가 이렇게 생생할 수가. 〈밀양〉, 〈친정엄마〉를 설명하시는 부분을 읽다가는 울음을 참을 정도였습니다.
심금을 울리는 원장님의 열정적인 강의가 어디서 나오는지를 알게 됐습니다. 남의 이야기가 아닌 나만의 이야기를 할 수 있는 내공이 원장님의 강점인 것 같습니다.

DH 독서법의 1단계에서 강조하셨듯이 프롤로그와 에필로그가 왜 중요한지를 알았습니다. 책의 에필로그인 '그래도 사람이다'의 내용은 감동적이었습니다.

좋은책 집필에 늦게나마 감사드립니다.
가슴에 남은 책으로 간직하겠습니다.

가족과 친구가 함께 하는 서점 소풍

세상에서 가장 성공한 부모는 누굴까?
바로 자녀로부터 존경받는 사람이라고 할 수 있다.
만약 누군가가 당신의 자녀에게 세상에서 가장 존경하는 사람이 누구냐고 물었다면 답변은 어떠할까?
나에겐 한동안 이게 늘 고민이었다. 아이들에게 어떻게 하면 좋은 엄마가 될 수 있을까?
결론은 매주 토요일이 되면 아이들을 데리고 서점으로 소풍을 가는 것이었다. 우리 아이만 데리고 가면 재미없다고 잘 안 가려고 할까봐 동네 친구들을 데리고 함께 갔다. 서점을 가기 위해서 먼저 들러야 할 곳은 아이들이 좋아하는 피자집이다. 우선은 피자집이나 뷔페에서 맘껏 먹게 했다. 이렇게 몇 번 하니 아이들은 서점을 가기 전부터 마음이 들뜬다.
억지로 서점 나들이를 간다면 큰 의미가 없다. 함께 맛있는 음식을 먹으며, 아이들의 장점을 하나씩 이야기하면서 칭찬으로 분위기를 띄운다. 행복해 하는 아이들의 모습을 보면 내가 더 행복해진다.

　봄방학을 맞은 어느 날도 그랬다.
　작은 아들 친구들 중에 다섯 명의 친구끼리 서로 '독수리 오형제'라고 부르는 아이들이 있었다. 그날은 그 친구들을 데리고 서점 소풍을 갔다. 차에 타고 이동하는 길에 나는 요즘 유행하는 농담과 아이들이 좋아하는 게임 이야기를 하면서 마음부터 열고자 했다. 아이들과 더 친해지기 위해서이다. 한창 대화가 무르익을 때 이들에게 장차 꿈이 무엇인지 물어보면 대답이 너무 재미있다. 부모님은 의사가 되라고 하는데 프로그램 개발자나 게이머가 되고 싶다는 아이, 어떤 친구는 가수가 되고 싶은데 주위에선 사업가가 되라고 한단다.
　드디어 서점에 도착. 아이들에게 각자 사고 싶은 책을 다섯 권씩 사서 한 시간 후에 계산대에서 만나기로 약속하고 각자 헤어졌다. 나는 경영, 경제, 인문, 사회, 철학 등의 코너를 빠르게 둘러보고 아이들의 책 고르는 풍경을 멀리서 훔쳐보았다. 참 예쁘고 사랑스럽다. 멋지고 흐뭇한 광경이다. 각자 자신의 관심 분야의 책을 진지하게 훑어보는 모습은 참 대견스러웠다.
　한 시간이 지나자 각자 다섯 권의 책을 한 아름 안고 계산대에 나타난다. 내 책까지 모두 30권, 비용이 적지 않다. 식사비까지 하면 지출액이 좀 된다. 머뭇거리다 '에잇, 내가 백화점 한 번 안가고 돈을 아끼면 되지'하는 생각을 한다. 아이들에게 이보다 더 큰 선물이 어디 있으랴. 저마다 한보따리 책가방을 들고 서점을 나가는 발걸음은 참으로 기쁘고 보람된다. 아이들에게 미래를 선물했다는 기분이다.
　하버드 법대의 아시아 최초 종신교수 석지영 씨도 어렸을 때부터 독서

광이었다고 한다. 그녀의 어머니와 함께한 서점 나들이가 독서 습관의 시작이라고 한다. 나의 경우와 뭔가 공통점이 있다는 생각에 뿌듯하다.

주어진 현실에서 우리 부모님은 어떻게 살았는가? 어려움이 닥쳤을 때 우리 부모님은 어떻게 극복하였던가? 퍼주고 또 퍼주고도 더 주고 싶어 하는 부모님의 사랑과 정성이 마르지 않는 샘이었다는 것만으로도 충분히 그 가치가 있으리라.

많이 가지고 적게 가진 것이 무슨 의미가 있으랴. 물론 물질적 풍요가 주는 편리함은 어찌 말로 다 하겠는가만은 그것이 전부가 아님을 우리는 이미 알고 있지 않은가.

지금 나에게 주어진 상황에서 최선을 다하는 삶, 늘 연구하는 지혜로운 삶, 부지런함이 몸에 습관이 되어 생활에 녹아든 근면한 생활, 시간을 아끼며, 시간의 소중함이 직간접적으로 아이들에게 전해지는 모습들이 우리 아이의 생활 습관을 만든다는 사실을 잊지 말아야 한다.

아이는 보는 것이 모두 학습이다. 보는 대로 배우고 행하는 것이다. 좋은 모습을 보여주면 좋은 행동이 나오고, 나쁜 모습을 보여주면 나쁜 행동이 나오기 마련이다.

부모가 모범을 보이는 삶은 아름답다. 아이들이 성장하는 과정에서 바른 자세로 커 가느냐, 흐트러진 채 아무렇게나 사는가는 부모하기 나름이다. 행여 잠깐 엉뚱한 길을 가다가도 반드시 돌아오기 마련이다. 보이지 않는 부모의 사랑과 정성이 있기 때문이다. 평소에 아이들의 가슴에 젖어 들어간 부모의 헌신적인 사랑은 아이를 바로 세우기에 가장 강력한 힘이다.

나를 믿고 있는 사람이 있다는 것이 얼마나 큰 힘인가? 믿는 대로 된다는 긍정의 힘은 무한한 가치를 불러오고 흡족한 결과를 가져다 줄 수 있다. 아이들에게 나침반이 되어 주자. 어두운 밤길을 잃고 헤매고 있을 때 한 줄기 불빛이 되어주자. 지금 이 순간부터 스스로 생각해서 아이들에게 부끄럽지 않는 모습을 습관으로 갖추는 것이다. 매일 반복되는 일상에서 쉽게 흘러가버리는 시간을 의미 있는 일정으로 가득 채우면 된다. 훌륭한 부모가 되는 비결은 멀리 있는 것도 아니요, 특별한 그 무엇도 없다. 단지 주어진 현실 상황에서 자녀에게 모범을 보이는 삶이면 충분하다.

세상에서 가장 존경받는 부모가 되고 싶지 않은가? 당신에게 의미심장한 시 한 편을 소개한다.

가장 성공한 부모

부모들이 행복하면
아이들 인생도 행복할 수밖에 없어.
그러니 자신들이 행복하게 사는 모습을
어떻게 자녀들에게 보여줄까 그 궁리나 해.
그게 조기유학 보내는 것보다 훨씬 아이들을
훌륭하게 키우는 방법이야.
아이들이 '우리 부모님 참 괜찮은 사람들이야' 하는
생각을 할 수 있다면 이미 얘기는 끝난 거야.
세상에서 가장 성공한 부모가 되는 거지.

- 양순자, 《인생 9단》중에서

3장

아이디어의 산실, 독서 토론의 꽃을 피우다

"너의 말이 참 아름답다. 하지만 나는 다른 이유로 반대한다."
- 언성을 높여 반대 논리를 펼치는 최만리에게 하는 세종의 말

탁구공처럼 의견을 주고받는
브레인스토밍 독서

　독서의 꽃은 토론이다. 코드가 맞은 사람들이 함께 같은 책을 읽고 토론하는 것은 최고의 브레인스토밍이다. 브레인스토밍이란 단어를 사전에서 찾아보면 '일정한 테마에 관하여 회의 형식을 채택하고, 구성원의 자유 발언을 통한 아이디어의 제시를 요구하여 발상을 찾아내려는 방법' 등으로 나온다.
　내가 각종 자료를 통해 종합한 브레인스토밍의 특징은 다음과 같다.

① 새로운 아이디어는 한 사람보다 다수에게서 나온다.
② 질보다 양이다. 아이디어 수가 많을수록 질적으로 우수한 아이디어가 나온다.
③ 아이디어의 적은 비판이다. 아이디어는 비판받지 않을 때 많아진다.
④ 팀별로 토론 진행자(리더)가 있어야 한다. 구성원 수는 10명 내외를 한도로 하는 것이 좋다.

브레인스토밍은 1941년, 미국의 모 광고 회사 부사장이었던 알렉스 F. 오즈번이 제창해 그의 저서 《독창력을 신장하라》(1953)로 널리 소개되었다. 브레인스토밍에서는 어떠한 내용의 발언에라도 비판을 해서는 안 되며, 오히려 자유분방하고 엉뚱하기까지 한 의견을 출발점으로 해서 새로운 아이디어를 전개시켜 나가도록 한다. 그래서 브레인스토밍은 일종의 자유연상법이라고도 할 수 있다.

브레인스토밍이라는 단어를 뜯어서 보면 Brain(두뇌)에서 Storming(바람을 일으킴)한다는 것으로 집단의 효과를 살려서 생각이 탁구공처럼 오가는 기법이다. 자유롭고 즐거운 분위기에서 웃음과 위트를 즐기면서 진행해야 한다. 심각히 고민에 빠지거나 딱딱한 분위기는 생각을 나누는 데 도움이 되지 않는다.

내가 독서 코칭을 하는 코오롱플라스틱은 유난히 토론을 잘하는 기업이다. 독서 경영을 도입한 지는 얼마 되지 않지만 독서를 주제로 한 토론 실력은 대단하다. 일찍부터 브레인스토밍의 4가지 규칙을 잘 이해해 활용하고 있기 때문이다. 토론 참가자들은 어떤 의견에도 비판을 하지 않는다. 자유로운 분위기 속에서 칭찬을 습관처럼 한다. 토론에 나온 의견과 아이디어는 취합되어 업무나 기업 문화를 개선하고 발전하는 데 유용하게 활용된다.

내가 진행하는 독서코디네이터 양성 과정을 거친 독서 리더가 각자 팀에서 진행자 역할을 잘 해주는 것도 원활한 토론에 한몫을 한다. 리더는 주제를 구체화해 가며, 모두가 발언할 수 있도록 분위기를 조성하고 발언자들을 격려하고 응원하는 역할을 한다. 한 팀의 인원은 7~8명이다. 독서 토론을 할 때 인원이 60명이라면 8개 팀으로 나누어 토론을 한다. 그래야 모두가 발언할 수 있는 기회가 온다. 시간은 약 10~15분 정도가 주어진다.

분위기가 말랑해져야 뇌도 같이 말랑해져 유연한 사고가 가능하다. 이런 분위기를 만들기 위해 필수적으로 선행해야 할 것은 마음 열기이다. 나는 독서 토론이 들어가기 전에 반드시 알아야 할 것이 바로 '잘 들어주기'라고 역설한다. 다른 사람과 얘기를 할 때 추임새나 맞장구, 그리고 칭찬을 아끼지 말아야 한다. 사람들은 이 세 박자에 약하다. 왜 그럴까? 안 해봤기 때문이다. 그래서 나는 독서 리더들에게 잘 들어주는 기술을 가장 우선적으로 연습시킨다. '멋져요', '훌륭해요', '놀랍군요', '대단한데요', '짱입니다', '브라보', '많이 배웁니다' 등의 말을 반복해서 외치게 해 입에서 쉽게 나오도록 훈련을 시키는 것이다. 서로의 얼굴을 보면서 말이다. 이런 훈련을 하는 동안 사람들의 얼굴엔 미소가 가득하다. 그 웃음에서 마음이 열리고 가슴이 하나가 된다.

상대방의 의견 경청과 공감을 통하면 사고도 확장된다. 토론이 잘되면 사람들은 책을 통해 느낀 점과 경험을 통해 느낀 점을 잘 연결한다. 이때도 역시 비판보다는 격려와 공감이 말하는 사람의 마음을 열고 뇌를 자극한다.

토론의 막바지에는 언제나 '같은 책을 읽고도 이렇게 다른 생각을 할 수 있구나!' 하는 생각을 하면서 세상에 정답은 없다는 사실을 알게 된다. 편견이 깨지며 토론의 힘을 새삼 느끼는 순간이다.

몇 년 전 나는 최고의 아이디어맨에게서 강의를 들었다. 윤생진 창조경영연구소 대표가 바로 그 사람이다. 당시 금호아시아나그룹 상무였던 그는 부산경영자조찬회에서 아이디어의 중요성에 대해 열변을 토했다. 창조적 아이디어는 기업의 운명까지 바꾼다는 내용이었다. 대통령상 5회, 사장표창 52회, 사내 아이디어 제안 1만 8600건으로 금호아시아나의 창조 경영의 꽃을 피운 그는 끊임없는 호기심과 열정으로 인정받고 있다. 우리나라 창조 경영의 원조라고 불리는 그의 육성은 지금까지 깊은 인상으로 남아 있다.

이 세상은 모두 하나의 아이디어로 출발한 창조물들로 구성되어 있다. 이순신 장군의 거북선도 그랬다. 거북선 건조는 부하들의 평범한 아이디어로 시작된 프로젝트였다. 이순신은 평소에 어떤 지위에 있건 누구라도 병법과 관련하여 자유롭게 말하게 했다. 좋은 아이디어가 있으면 사견(私見)을 떠나 현장에 적용했다.

당신이 한 조직의 리더라면 구성원들의 아이디어를 최대한 많이 끌어내라. 그래야 인재들도 신이 나서 자기 생각을 제대로 밝힌다. CEO 보다 더 똑똑한 직원이 없다면 회사는 곧 망한다. 왜? 나이를 먹을수록 시간이 없다. 골프도 쳐야 하고, 여행도 해야 하고, 업무와 직접 연관이 안 되는 일들로 점점 바빠진다. 설상가상으로 기억력은 떨어지고, 집중력도 감퇴된다. 그렇지만 좋은 아이디어를 내는 인재들이 사내에 많으면 자신의 오랜 경력을 바탕으로 최대한 짧은 시간에 올바른 판단을 할 수 있게 된다.

세종은 언제나 토론을 통해 좋은 아이디어를 끌어내 정책에 반영했던 임금이다. 충분한 논의로 얻은 결론은 전적으로 책임자에게 일임했다. 자연스레 국왕의 잘잘못을 서슴없이 직언할 수 있는 분위기가 조성되었다. 그럼에도 회의 도중에 거슬리는 말이 있어도 화를 내지 않았다. 신하들의 말에 최대한 수긍하려고 했다. 일단 모든 의견을 경청한 후 자신의 주장을 조심스레 내놓았다.

세종은 특히 일종의 독서 토론인 경연에 열심이었다. 요즘으로 얘기하면 독서를 통한 브레인스토밍을 수시로 진행한 것이다. 태종이 30회의 경연에 그쳤던 데에 비해 세종은 1898회나 참가했다. 경연(經筵)은 고전[經]을 놓고 공부하며 현안을 풀어가는 독특한 회의[筵]였다. 이 회의에서 왕은 신하들에게 배우면서 현안에 대해서도 토론했다.

세종은 싱크탱크(Think-tank) 격인 집현전을 통해 지식 경영을 일찍이 실현하기도 했다. 집현전은 세종2년 설립되어 37년간 100여 명의 학사를 배출하면서 서적을 수집하거나 편찬하고, 정책에 대한 자문을 얻었다.

통합과 융합적 사고를 위한 논쟁 토론

세종이 보였던 리더십의 핵심은 계급을 뛰어넘는 토론이었다. 그런 까닭에 그가 진행했던 회의의 제1원칙은 '충분한 토론'과 '전적인 일임'이었다. 충분한 찬반 토론을 거쳐 발생할 수 있는 소지를 미리 짚어본 다음, 그 일을 주관하는 사람에게 전적으로 담당하게 하는 방식이다.

"황희 말대로 하라!"

세종실록에 빈번히 나오는 이 말은 세종의 회의 운영 방법을 잘 말해 준다.

세종이 즉위하면서 했던 첫마디가 "의논하자"였다고 한다. 토론을 하는 데 있어 아래위가 따로 없는 치열한 논쟁이 허용됐다. 특히 한글 사용에 있어 세종과 극단에 서 있던 최만리와의 논쟁은 속된 말로 '계급장을 떼고' 벌어졌다.

최만리는 고개를 들어 임금의 눈을 똑바로 쳐다보면서 언성을 높였을 정도였으니 말이다. 당신에게 이런 무례한 부하가 있다면 어떻게 행동할 것인가? 묵묵히 반대 논리를 들은 세종의 첫마디는 이랬다.

"너의 말이 참 아름답다. 하지만 나는 다른 이유로 반대한다."

파저강 토벌 논쟁의 사례를 봐도 세종은 자신의 생각과 다르다고 해서 신하의 의견을 무시하거나 묵살하지 않았다. 1432년 여진족의 침입 사실을 알게 된 세종은 여진족을 제압하고 북방에 영토를 개척하기로 마음먹었다. 신하들은 줄기찬 반대에 나섰다. 선대왕인 태종 같으면 충분히 화를 내며 자신의 주장을 관철시킬 수 있었던 상황이었다. 아들은 달랐다. 끈질긴 설득과 논의에 나섰다. 그 과정은 아래 나온 세 차례의 대논쟁으로 요약된다.

1. 제1단계 논쟁: 토벌을 중국에 보고할 것인가
   (1432년 12월 9일~21일)
2. 제2단계 논쟁: 토벌을 실제로 감행할 것인가
   (1433년 1월 11일~19일)
3. 제3단계 논쟁: 토벌의 시기와 방법을 어떻게 할 것인가
   (1433년 2월 15일~28일)

이후 세종은 파저강을 성공적으로 토벌했다는 승전 소식을 듣자마자 영토 개척까지 적극 추진했다.

세종은 치열하게 토론을 벌였다. 신하들도 지위고하를 막론하고 토론에 적극적으로 참여할 줄 알았다. 의견은 달랐지만 토론 자체에 대한 적이 없었던 것이다.

여기서 말하는 토론의 적은 형식적으로만 말하는 사람이다. 또한 현학적인 지식만 자랑하거나 무조건 찬성하는 사람도 걸림돌이다. 무엇보다 토론 참가자들의 의견 차이를 감정 대립으로 몰고 가는 이들을 보면 무척 안타깝다. 분위기 파악조차 안 되는 사람이라고 할 수 있다.

충분한 토론과 좋은 의견에 힘 실어주기

내가 5년째 독서 코칭을 하고 있는 기업이 있다. 포스코ICT이다.

이 회사의 허남석 사장(현재는 포스코ICT 상임고문)은 독서브레인스토밍의 귀재였다. 본인부터가 책을 취사선택하는 안목이 높다. 주말이면 습관처럼 서점에 가서 포스코ICT와 잘 어울리는 책을 신중히 골랐다. 임직원들과 함께 읽고 토론하기 적절한 책을 선택하는 것이다. 일단 선택된 책들은 시간과 장소를 가리지 않고 꼼꼼히 읽었다. 주로 출장길에 비행기 안에서 책을 펼친다. 아무리 바쁘더라도 한 달에 한 번 임원들이 독서 토론 하는 날에는 거의 예외 없이 참석했다.

세종은 토론 중 좋은 의견이 나오면 힘을 실어줬다. 허 사장도 이런 마음으로 임원 한 사람 한 사람의 발언에 귀 기울였다. 토론 중에 좋은 아이디어가 나오면 해당 부서 본부장과 함께 의논하며 아이디어를 진화 발전시켰다.

그의 독서 토론에 참가하는 임원들의 열정은 대단했다. 사장 스스로가 책을 모두 읽고 토론에 임했기 때문에 임원들도 마찬가지였다. 누구나 할 것 없이 책을 읽고 관련 리포트까지 준비했다. 토론의 마무리 멘트는 어김없이 '행복나눔 125'로 연결됐다. '행복나눔 125'는 한 주에 한 번씩 착한 일을 하고, 한 달에 두 권씩 좋은 책을 읽으며 매일 다섯 가지 감사하는 마음을 갖자는 내용의 캠페인이다. 전 조직원이 행복나눔 활동을 즐겁게 일상화하고 외부적으로 행복한 기업 이미지를 이해 관계자에게 인식시켜 경쟁자와 차별화하고 신뢰를 형성하겠다는 의지가 반영되어 있다.

2부

창조성을 키우는 세종식 독서

세종은 창조할 줄 아는 사람이었다. 가장 유명한 한글 역시 세종이 아니었다면 세상에 나타나기 힘들었을 것이다. 당시 유행하던 주자학을 조선의 실정에 맞게 변형해 새로운 학문으로 창조한 사람도 세종이었다.

어떻게 그것이 가능했을까? 역시 독서에서 비결을 찾을 수 있다. 책에서 새로운 비전을 발견하고 토론을 통해 그 비전을 실행했다. 어떻게 하면 그처럼 창조성을 키울 수 있을까? 세종식 독서에서 그 비결을 찾아본다.

4장

사가독서제, 독서 휴가를 떠나라!

"내가 이름을 부른 사람들은 내일부터 이곳 집현전에 나오지 말고
고향집이나 어느 고요한 곳에 가서 독서에만 전념토록 하여라.
전하께서 특별히 독서 휴가를 주셨느니라."

- 집현적 대제학이었던 변계량이 1426년, 세종의 어명을 전하면서

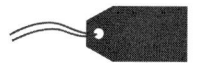

독서 휴가는 창조 휴가다

휴가, 말만 들어도 가슴 설렌다. '열심히 일한 당신, 떠나라'라는 카피는 샐러리맨들의 행복한 외침이다. 사실 휴가는 시작될 때가 제일 좋다. 설렘과 기대 때문이다. 이때는 누구나 짜릿한 기대에 흥분한다. 시간이 흘러 끝나는 시점이 되면 각자 표정들이 달라진다. 맑은 에너지를 맘껏 충만한 휴가를 보낸 사람과 그럭저럭 보낸 사람의 표정은 확연한 차이를 보인다. 그대는 어느 쪽에 속하는가?

해마다 휴가철이 되면 나는 '휴가 때 읽으면 좋은 책 30선'을 선정한다. 이는 매년 1년 동안 읽었던 책 중에서 두 번 읽어도 시간이 아깝지 않은 건강한 책들로 구성한 것이다. 30선이라고 해 소화하기 많아 보이지만 그 중에서 본인에게 맞는 책을 선택해서 읽으면 된다. 휴가를 즐기면서 말이다.

세종은 임금이 된 지 8년 되는 해에 사가독서(賜暇讀書)를 실시하였다. 조선시대 임금이 유능한 신하에게 하사했던 독서 휴가 제도이다. 이는 인재들이 일에 몰두하느라 자기계발과 독서에 전념하지 못하는 현실이 안타까워 만들어진 제도였다. 1426년, 세종대왕이 최초로 시행하였는데 그 배경을 한번 보자.

1426년 추위가 매서운 어느 겨울이었다. 늦은 밤인데도 경복궁 궁궐 안에 있는 집현전에서는 학사들이 추위를 참아내며 열심히 공부를 하고 있었다.

그때 누군가 문을 열고 찬바람과 함께 집현전 안으로 들어왔다. 당시 집현전 대제학으로 집현전의 총책임을 맡고 있던 변계량이었다.

"지금부터 내가 이름을 부르는 사람은 내일부터 이곳에 나오지 말도록 하라."

변계량은 손에 든 문서에 적힌 사람들의 이름을 차례로 불렀다.

"권채, 신석견, 남수문 …."

"대감 무슨 일이시옵니까?"

집현전에 있는 학사들이 어리둥절해하며 물었다. 이름이 불린 당사자들은 뭔가 불안해져 얼굴이 창백해졌다.

"내가 이름을 부른 사람들은 내일부터 이곳 집현전에 나오지 말고 고향 집이나 어느 고요한 곳에 가서 독서에만 전념하도록 하여라. 전하께서 특별히 독서 휴가를 주셨느니라."

변계량의 말에 여기저기서 환호성이 터져 나왔고, 얼굴이 창백해졌던 학사들은 안도의 한숨을 쉬며 금세 밝은 표정을 지었다.

이렇게 세종 때는 젊은 문신들에게 휴가를 주어 자기 집이나 조용한 곳에 가서 독서에 집중할 수 있게 했다. 젊은 문신들 중에 재주가 좋고 몸가짐이 단정한 사람을 선발하여 사가독서를 하게 했으며, 휴가를 받은 사람은 대제학이 정해준 규범에 따라 휴가를 즐기며 열심히 독서를 해야 했다. 기간은 짧게는 몇 달, 길면 3년까지였고, 왕은 독서에 필요한 비용뿐 아니라, 음식과 의복까지 내려주었다. 그때부터 계속 실시되어 온 사가독서제는 세조 때 집현전의 폐지로 없어졌다가 성종 때 다시 부활했는데 이때부터는 독서당이라는 건물을 따로 마련하기도 했다. 성삼문, 서거정, 이황, 정철, 이이, 유성룡, 이항복 등 조선을 대표하는 인재들이 모두 이 제도의 혜택을 받은 인물들이다.

고재득 성동구청장은 주요 역점 사업으로 동호 독서당 복원 사업을 적극 추진했다. 조선시대 선비들이 독서를 하면서 학문 연구에 매달렸던 역사적 공간을 오늘에 되살리고자 하는 프로젝트다. 고 구청장은 연초 열린 신년인사회에서 박원순 서울시장에게 '동호 독서당' 건립 필요성을 강조하며 지원 약속까지 받아냈다.

그는 "21세기 지식정보사회를 이끄는 핵심은 창의력과 사고력이며, 이를 갖춘 인재를 양성하기 위한 바탕은 독서"라고 강조한다. 그러면서 "조선시대에 사가독서제(賜暇讀書制)라는 전통이 있었고 그것이 바로 지금의 평생교육과 이념을 같이 한다고 볼 수 있다"고 주장했다. 여기에 독서당 건립의 필요성이 있는 것이다. 그는 "조선 세종 때 집현전 소속 신숙주, 성삼문 등과 이이, 이황, 정철, 유성룡 등 당대 학자들 중 독서당을 거치지 않은 사람은 없다"고 덧붙였다. 이들은 사가독서제를 적극 활용한 인물들이다.

19세기 영국의 빅토리아 여왕도 관료들에게 3년에 한 번씩 셰익스피어 작품을 읽고 삶의 지혜와 통찰을 구하라는 취지로 부하들에게 유급 휴가를 주었다. 이를 셰익스피어 베이케이션(Shakespeare Vacation)이라 부른다. 멋지고 낭만적인 이름이다. 동양이든 서양이든 시대를 이끌던 사람들은 독서하는 시간을 참으로 귀하게 여겼다.

독서 휴가는 창조 휴가다. 비우고 채우고, 창조하는 시간이다.
어떻게 비우고, 어떻게 채우고, 어떻게 창조할 것인가? 책이 묻고, 또한 해결책도 던져 준다. 독서가 가진 매력이 여기에 있다. 책을 읽는 것은 나를 읽는 일이기도 하다. 독서는 그래서 일상을 떠나 자기 성찰의 기회를 준다.
책을 읽을 때는 저자의 가슴으로 쏘옥 들어가야 한다. 그래야 몰입해서 저자의 진정한 음성을 들을 수 있다. 다 읽은 후에는 책 속에서 빠져나와 나를 봐야 한다. 그 저자는 그랬구나, 나는 어떻게 할까? 이런 과정이 비우고 채우는 시간이다. 책이 주는 여운을 따라 마음을 맡겨보자. 잔잔히 가슴이 열리고, 마음을 적시는 메아리가 들릴 것이다. 그 메아리를 따라 영혼이 춤을 추게 하라. 창조가 소리 없이 일어날 수 있다.

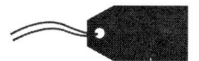

창조의 저력, 집중과 몰입

세종대왕이 신하들에게 독서 휴가를 준 이유는 무엇일까? 일에 매달려 진짜 중요한 것을 놓치고 있지는 않는지 살피고, 미래의 비전을 발견하라는 의도이다. 나무만 보고 숲을 보지 못하는 실수를 하지 않기 위해서다. 새로움을 만드는 데는 절대적인 시간이 확보되어야 한다. 반복되는 일상에서 창조를 위한 사고 체계를 만드는 것은 쉽지 않다.

독서광들은 책에 몰입하기 위해 책과 대화를 한다. 책을 읽으면서 끊임없이 질문하고, 의문에 대한 답을 찾는다. 인물, 사건, 시대적 배경 등을 통해 자신의 삶과 연결시킨다. 이 모든 건 몰입에서 시작된다.

그렇다면 어떻게 몰입할 것인가? 몇 년 전 새벽 등산으로 땀을 흘린 후 반신욕 독서로 황농문 교수의 《몰입》이란 책을 보았다. 한달음에 읽어 내려간 책이다. 독자를 몰입시키는 무언가가 있었다. 책을 읽자 바빠서 허겁지겁 급히 달려온 어수선한 삶이 보였다. 덕분에 어제 하루 잔뜩 쌓여 있는 업무를 하나씩 처리하는데 그 일에만 몰입할 수 있었다.

저자는 몰입에 대해 연구를 하면서 발견한 것들에 너무도 기뻐 지나가는 사람 아무나 붙들고 이야기해 주고 싶었다고 했다. 나의 경우는 독서경영이 그렇다. 좋은 책을 만나면 너무 황홀해서 주위 사람들에게 큰 목소리로 추천하고 싶다.

몰입이란 건 본인이 느끼는 것, 바라는 것, 생각하는 것 등의 세 가지가 하나로 어우러지는 상태다. 몰입한다는 것은 하나가 된다는 뜻이다. 나의 경우 등산을 하면 산에 몰입하고, 책을 보면 저자에게 몰입하려고 애쓴다. 음악을 들으면 음악에 취하고, 먹을 때는 맛에 취하려 한다. 황농문 교수는 몰입에 이르는 순간, 누구나 최고가 될 수 있다고 말한다.

> 몰입하게 되면 우리의 뇌는 최고로 놀라운 활동을 합니다.
> 신선한 아이디어가 춤을 추고, 쾌감 신경을 자극해 도파민을 생성합니다.
> 자신감, 확신으로 우리가 원하는 곳을 안내해 줍니다.
> – 황농문, 《몰입》중에서

실제로 앞서가는 기업은 직원들의 집중과 몰입을 위한 시간을 업무와 별개로 주기도 한다. 그래야 창의력과 창조의 에너지가 조직에서 꿈틀거릴 수 있다.

가장 일하고 싶은 기업으로 꼽히기도 했던 구글의 면접 시험에 이런 말이 나온다.

> "수영복을 입은 세 여자가 있다. 둘은 슬퍼하고 한 명은 행복하다. 슬퍼하는 여자는 웃고 있고, 행복한 여자는 울고 있다. 설명하시오."

면접에 나온 질문으로 답은 '미인대회 참가자'다.

업무를 하는 데 있어 기술이나 수리 능력, 지능이 필요하긴 하지만 그게 정말 쓰임새가 있으려면 창의성과 직관의 도움을 받아야 한다. 그래서 구글은 근무 시간 20퍼센트를 자기계발에 몰입하도록 한다. 창의적인 아이디어를 위해서는 업무에서 빠져 나와 자신만의 생각에 집중하는 시간이 필요하기 때문이다. G메일, 구글맵, 구글 스카이 등은 이런 자기계발의 창조적인 결과물이다.

독서 친구들과 떠나는 독서 여행

함께할 수 있는 친구가 있다는 것은 행복이다. 뜻이 같고, 마음이 한 방향이면 더 좋다.

매사에 비난이나 불평을 일삼는 이가 아니라 겸손, 배려, 사랑으로 만나는 친구라면 인생의 보배이자 자산이다.

나의 가까운 지인들은 대부분 독서로 맺어진 친구들이다. 기업을 경영하거나 전문가 그룹에 속한 이들이 많다. 그들은 회사와 가정, 그리고 자신의 삶에 독서경영을 녹여 성장을 추구하고 행복을 만들고자 한다. 함께 있으면 행복 바이러스가 흐르는 우리는 매년 봄이나 가을이 되면 독서 여행을 떠난다.

우리는 닮은 점이 많다. 따뜻하고 아름다운 배려심이 있다. 무엇보다도 책을 좋아한다. 책과 생각, 그리고 아이디어를 나눈다. 모이면 누가 먼저랄 것도 없이 웃겨댄다. 서울대 AIP 독서클럽의 회장인 이창욱 멀티웨이브 대표이사는 입가에 늘 웃음꽃이 해바라기처럼 피어있다. 공항로비에서도,

식당에서도, 비행기에서도, 버스에서도 그렇게 웃겨댄다. 다들 배꼽이 빠질 듯 웃음 바이러스에 취해 파안대소다. 책을 잘 읽는 사람들의 공통점이 두 가지 있다. 적재적소에 폭소를 자아내는 유머와 순간순간 탁구공처럼 톡톡 튀는 센스다. 이 두 개의 기둥이 독서 여행 떠나는 좋은 기분을 도둑맞지 않게 잘 지켜준다.

이 좋은 사람들과 지난 가을에도 독서여행을 떠났다. 마치 선을 보러 가는 수줍은 처녀의 설렘으로 여수행 비행기에 몸을 실었다. 첫날은 배우고, 둘째 날은 즐기고 돌아오는 여행으로, 서울대 AIP 독서클럽이 기획하고 추진한 여정이었다.

첫째 날, 공항에 도착하니 마중 나온 J 포스코 본부장이 역시 환하게 웃고 있었다. J 본부장도 자타가 공인하는 책사나이다. 첫 번째 시간으로 손욱 교수의 십이지 경영학 특강을 통해 선조들의 지혜를 배웠다. 이후엔 포스코의 심장, 현장으로 발길을 옮겼다. 방문을 환영하는 꽃다발을 안겨주는 포스코인의 가슴은 이 겨울 추위를 녹이는 따뜻한 눈사람 같았다.

로비에 너울너울 나비처럼 춤추는 형형색색의 그림들과 아름다운 시, 우리가 가는 날 시화전이 열렸다. 이곳이 공장인지 예술의 전당인지 헷갈리게 할 정도로 화려했다. 2층으로 올라가니 마치 새각시 신혼방처럼 깜찍하고 앙증맞게 꾸며진 도서룸이 보였다. 책갈피의 속삭임이 소리 없이 들려오고, 아늑하고 편안해서 오래도록 머물고 싶어지는 곳이었다.

어떻게 철을 다루는 쇠사나이들의 가슴에서 이런 낭만이 나올 수 있었을까? 날마다 그들은 일을 하기 위함이 아니라 꿈이 키워가기 위해 출근

한다. 나는 그들의 꿈이 무럭무럭 자라서 무지개처럼 피어나길 기원했다.

글로벌 넘버원 자동차 강판의 비전을 위해 도전하면서 불량 제로화를 위해 연구하는 블랙박스 안의 연구실 풍경이 보였다. 그들의 노력은 우주인이 달나라에 가는 것보다 더 힘겨워 보였다. 그래서 아름다웠다. 사무실 벽을 가득 메운 VP(Visual Planning)는 마치 꽃처럼 형형색색 마치 꽃과 비슷한 모습이었다. 모두 일을 드러내고, 해야 할 일을 결정하여 낭비 없는 업무를 위해 작성된 것인데, 시급성과 중요성을 고려해 일상 업무를 빠뜨리지 않았다. 적기에 최소 투입으로 최고의 조직 성과를 창출해내기 위한 도구다. 이는 업무 몰입도 증가, 여유 인력 확보 등으로 높은 효율성이 입증되고 있었다. 이미 국내 많은 기업에서 이 VP를 벤치마킹하러 견학을 다녀갔다.

매일 아침 8시 30분이 되면 10만 명 직원은 이 VP 보드판 앞에서 스탠드 미팅을 가진다.

이들은 외친다.

"그래, 우리는 일에 미쳤다."

포스코인들의 강한 현장 만들기 활동은 고장률을 제로화하고 일하기 좋은 작업 환경을 만들었다.

포스코의 학습 동아리 활동은 시간과 공간을 초월한 커뮤니케이션의 통로였다. 칭찬하고 응원하는 동아리의 댓글은 그들의 외로운 가슴을 안아주는 어머니의 품과 같다. 활동에는 자주 관리, 6시그마, 와글와글 토론, 조찬 모임, 이슈 토론, 독서 토론 등이 있으며, 무엇보다도 독서 토론 활동은 혁신을 위한 아이디어의 제조 공장이다. 사내 PSC(개인역량계발)제도를 살펴보니 놀라운 것은 조직의 90퍼센트가 기술자격증을 획득했다는 것이었다. 회사가 직원에게 해 줄 수 있는 최고의 복지는 역시 교육이다.

뜨거운 불덩어리가 휙 하니 지나가는 현장 견학은 정말 신기한 경험이었다. 처음에는 두부 한 모 같은 불덩이가 점점 얇아져서 두루 말이 화장지처럼 둥글게 말려 나온다. 뜨거운 불길은 그들의 얼굴은 물론 꿈도 훨훨 타오르게 했으리라.

모두가 꿈을 함께 꾸면 현실이 된다. 회사 비전은 이 회사 모두의 꿈이다. 임직원, 외주 파트너사, 가족, 시민 모두가 참여한 가운데 비전 선포식을 여섯 차례나 했다고 한다. 우리가 본 당시의 비전은 '글로벌 넘버원 자동차강판 전문 제철소 완성'이었다. 포스코 3대 철학인 '열린 경영', '창조 경영', '환경 경영'을 향해서도 그룹 임직원, 주주, 고객사, 공급사, 지역 사회 모두가 한 방향으로 뛰는 모습이다.

빡빡한 일정이 분 단위로 쉼 없이 진행되고 우리의 발걸음도 바쁘게 움직였다. 견학을 마치고 만찬장에 도착해 또다시 놀랐다. 포스코 백운대는 TV에서 보던 청와대 영빈관보다 더 깨끗하고 웅장했다. 서울대 AIP 독서클럽에서 준비한 '도서 100권 기증식'을 간단하게 하고 만찬을 즐겼다. 예쁘게 코디된 테이블 세팅과 친절한 서빙, 혀를 녹이는 음식의 맛이 어우러졌다. 접시에서는 요조숙녀, 입 속에서는 평강공주처럼 예쁘고 맛있는 음식이었다. 식사가 끝날 무렵 허남석 포스코 부사장(현재는 포스코ICT 상임고문)의 깜짝 선물이 도착했다. 본인이 쓴 《강한 현장이 강한 기업을 만든다》란 책이었다.

막 출간된 따끈따끈한 책을 저자 사인과 함께 직접 선물 받으니 모두들 행복해했다. 역시 책이 있어 더 좋은 세상이다.

둘째 날에는 승주CC에서 청정 하늘의 기운을 받으며 팀별 운동이 시작됐다. 아름다운 승주CC 클럽에도 학습동아리가 활발했다. 절로 혁신 바이러스가 피부로 느껴졌다. 좋은 사람들과 맑은 가을바람 속 잔디를 걷는 기분, 꿀 휴식이 따로 없다.

오후에 둘러본 낙안읍성과 도란도란 둘러싸인 초가집, 그 옛날 선조들의 삶이 보였다. 자연을 닮은 그들의 삶은 참으로 지혜롭다. 푸근한 마음에 배추, 고추, 무까지 정겹다. 한참 풍경을 감상하다보니 비행기 시간이 넉넉지 않다는 사실을 알게 됐다. 결국 순천만자연생태공원은 점만 찍고 돌아왔다. 그 아름다운 갈대밭을 뒤로 하고 공항을 향해 내달렸다. 달리는 버스에서야 여유를 찾았다. 누구나 할 것 없이 이번 독서 여행의 감동을 풀어낸다. 우리는 한결같이 '역시, 포스코다!'라고 입을 모아 외쳤다. 멋진 환대 덕분에 포스코 견학과 독서 여행의 아름다운 기억은 오래오래 기억 속에 피어 있을 것이다.

포스코가 일하기 좋은 기업을 선정된 배경에는 끊임없는 혁신과 강한 현장이 있었다. 혁신이 불꽃처럼 타오르는 뜨거운 현장 견학은 우리의 가슴까지 달궜다. 우리는 혁신의 흔적과 성과물을 보기에 눈이 바빴고, 그것을 벤치마킹하려는 머리의 세포도 바쁘기만 했다. 포스코는 그 자체로 정말 위대한 책이었다.

상상망치, 남이섬으로 떠나는 독서 여행

전경련 IMI 독서클럽에서 강우현 대표의 《상상망치》라는 책이 독서 토론 도서로 선정되었다. 독서 코칭을 하면서 나는 제안을 했다. 이번 봄나들이 독서 여행은 남이섬의 혁신을 직접 눈으로 보고 체험하는 시간을 갖자고.

아름다운 섬, 남이섬 독서 여행에서는 상상, 생각의 무제한, 천진난만 그리고 지식과 우정이 장미꽃만큼이나 아름답게 피어났다. 강우현 대표이사의 디자인 감각은 남이섬을 명품공화국으로 디자인했다. 멋지다. 그의 상상력은 가능성을 흔들어 깨워서 현실로 만들어버리는 기술이었다.

남이섬은 달밤이 좋다.
그런데 별밤은 더 좋다.
하지만
새벽을 걸어올리는 물안개를 마주하면 아무 말도 할 수가 없다.
— 강우현, 《상상망치》 중에서

남이섬의 인사 제도가 재미있다. 신입 60세, 정년 80세를 표방한다. 그래서 직원 뽑을 때 세 가지를 묻지 않는다. 학력, 나이, 경력이 그것이다. 다른 회사 같으면 중요하게 따지는 요소들이다. 남이섬에서는 이 세 가지에 정말로 신경을 쓰지 않는다. 청소부는 선생님, 식당 아주머니는 어머니라 부른다고…. 이런 것이 혁신이다. 멋지다.

남이섬의《상상망치》에는 다음의 여섯 가지 경영 철학이 스며있다.

① 호미로 막을 일은 호미로라도 막아라 - 땜방 경영
② 제대로 할 자신이 없으면 차라리 뒤집어라 - 청개구리 경영
③ 예술가의 흔적을 소중히 남기면 100년 자산이 된다 - 예술 경영
④ 개가 돈 벌었다고 정승 못된다. 처음부터 정승처럼 벌라 - 정승 경영
⑤ 자식 농사가 으뜸이다. 자식이 흉내 내고 싶은 일을 하라 - 자식 경영
⑥ 노사 간에 진정한 사랑을 나누어라 - 향기 경영

손님은 줄고 빚만 늘어가는 어렵던 남이섬 대표를 맡은 그는 풀 한 포기 나무 한 그루 다치지 않고 남이섬을 확 바꾸겠다는 분명한 의지가 있었다. 드라마 겨울연가로 일본 관광객도 많아졌고 1년에 200만 명 정도가 다녀가는 명소가 되었다.

남이섬에 도착하기 전 나는 강우현 대표에게 특강을 미리 부탁해 두었다. 그리고는 한 시간 가량 특강을 듣는데 참으로 기발한 아이디어가 많았다. 마치 한 편의 영화를 보는 것처럼 슬라이드가 넘어갈 때마다 모두들

감탄했다.

"야, 이것이 상상망치였네."

정말 형언할 수 없는 놀라운 역발상의 창의성에 독서클럽 회원 모두는 영혼이 매혹되는 순간이었다. 저자는 이렇게 털어놓았다.

> 남이섬에는 버릴 것은 오직 '불가능' 하나뿐이었습니다.
> 술병이 꽃병이 되고
> 잡초가 화초가 되고
> 쓰레기도 써버리면 창조가 되고
> 내버리면 청소가 되고
> 소주병으로 만든 이슬정원은 가히 상상력에는 한계가 없음을 느끼게 해주었습니다.

남이섬은 발길 닿는 곳마다 옛 추억을 생각게 했다. 다시 또 오고 싶은 유혹을 던져주는 초록나무들이 일렬종대로 군인들의 질서처럼 하늘로 기운을 뿜어내고 있었다. 그곳에서 산책을 하고 난 후 함께 나눠먹은 춘천 닭갈비 맛은 어떠랴. 같은 생각을 가진 사람들이 같은 음식을 먹으며 더 좋은 세상을 노래하는 이곳은 바로 천국이다.

신록이 우거진 나무그늘 아래 도란도란 이야기꽃을 피우며 우정은 깊어만 갔다.

여행을 다녀온 후 나는 다음과 같은 글로 당시의 감흥을 정리했다.

◎ 남이섬에 있는 것과 없는 것
- 상상력은 있고 불가능은 없다.
- 순수함은 있고 왜곡됨은 없다.
- 취업은 있고 정년은 없다.
- 창조는 있고 규칙과 틀은 없다.
- 수수께끼는 있고 진부함은 없다.

◎ 전경련 IMI, GAMP 독서클럽에 있는 것과 없는 것
- 웃음과 우정이 있고, 비난과 비평이 없다.
- 지혜와 지식이 있고, 미움과 불평이 없다.
- 사랑과 낭만이 있고, 시기와 질투가 없다.
- 나눔과 배려가 있고, 아집과 독선이 없다.
- 좋은 사람과 좋은 책이 있고, 안 좋은 사람과 안 좋은 책이 없다.

이렇듯 독서 여행은 책을 더 깊이 읽게 하고 현장 체험으로 책의 내용이 체화되는 효과를 만든다. 무엇보다도 함께 한 사람들과의 아름다운 추억을 만들 수 있다는 것이 참 좋다. 평소 책에 집중했던 시간에서 벗어나 인간적인 마음을 더 나누는 게 독서 여행의 매력이다.

독서 여행 기획은 어떻게 할까?

회사에서, 모임에서, 가정에서, 또 혼자서 독서 여행을 떠날 때 최고의 효과를 얻기 위해 어떤 준비와 어떤 마음으로 임해야 할까? 모임의 성격에 따라 다르다. 우선 내가 소속된 곳의 성격을 충분히 파악해야 한다. 만

약에 회사에서 동료들과 떠나는 독서 여행이라면 기업이 추천하는 도서를 꼭 챙기기 바란다. 기업은 이래도 저래도 충실한 직원을 원한다.

특수한 경우만 제외하면 독서 여행에는 일정한 규칙이 없다. 몸도 마음도 자유로워야 진정한 여행이 될 수 있다. 읽을 책을 가져가도 좋고, 그냥 가도 좋다. 왜냐하면 눈에 보이는 것이 다 책이기 때문이다. 하늘도, 바람도, 꽃도, 강물도 모두 책이다. 위대한 책이다.

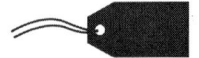

푸른 소나무와 파란 하늘 그리고 책 한 권

눈이 부시게 푸르른 날은 그리운 사람을 그리워하자. 계절이 주는, 아니 자연이 주는 선물이다. 자연은 있는 그대로 조금의 가식도 없이 다가온다. 머리보다는 가슴부터 움직이게 한다.

몇 년 전에 홀로 산에 간 적이 있었다. 자연의 아름다움에 맘껏 취해 나는 어느새 감성의 신데렐라가 되어 있었다. 푸른 소나무 아래에서 책 한 권을 펴 읽기 시작했다. 잠깐씩 올려다본 하늘이 그렇게 눈이 부실 수가 없었다. 높은 산에서 하늘을 올려다본 적이 있는가? 푸르고 푸르기만 한 하늘을…. 그 하늘 아래 소나무 아래 넓은 바위 위에 홀로 앉아 조용히 책을 읽어 내려갔다. 또 다른 세상이 그곳에 있었다.

그때 그 감성이 시키는 대로 나는 한 편의 편지를 적었다. 수신인은 내가 사업에 실패해 좌절에 빠졌던 시절 많은 도움을 줬던 분이다. 막상 보내지는 못한 이 글의 내용 일부를 살짝 공개해 본다.

박사님 안녕하세요?

어제는

햇살이 너무 고왔습니다. 그냥 흘러 보내기 아까운 햇살이었어요.

일요일 오후, 종종걸음으로 산을 올랐습니다. 여느 때처럼 mp3 플레이어와 함께….

나뭇가지 사이로 고운 따사로운 햇살이 아름다운 동양화를 그리고 있었습니다.

저는 행복한 발걸음을 규칙적으로 내딛었고, 나무도 하늘도 땅도 햇살도 너무 좋은 오후였습니다.

자연의 아름다움이 이런 것이라는 생각을 하니 경이롭기까지 했습니다.

거의 정상에 가까워지니 하늘은 유난히 더 파랬습니다. 어느 물감이 이보다 더 예쁠까요?

배낭에 들어있는 책 한 권을 꺼내 읽었죠.

소나무 밑에서 나는 어느새 책 속으로 여행을 떠났답니다.

책 속의 주인공이 된 나는 때때로 가슴이 메어오기도 하고, 기쁨에 벅차 혼자 미소 짓기도 하면서 완전히 책 속에 마음을 맡겨버렸습니다.

이 순간 모든 상념이 사라지고 또 다른 삶을 살게 되지요. 짧은 시간이지만 새로운 경험을 하게 되고 새로운 것들을 느끼게 되고 가슴에는 많은 것들로 기쁨과 슬픔, 놀라움, 감동들이 물결돼 출렁입니다.

여러분도 형식이나 내용에 얽매이지 말고 평소 존경하는 저자에게 편지를 써보길 바란다. 꼭 부치지 않아도 좋다. 색다른 감성을 느낄 수 있다.

자연이 가장 위대한 책이다

솔직히 고백하면 나는 대학을 들어갈 때까지만 해도 교과서 외에는 책이 없는 줄 알았다. 어릴 적 동화책을 읽은 적도 없었고, 심지어는 잡지책과도 거리가 멀었다. 오직 교과서를 지식의 생명처럼 여겼다. 그래서 교과서를 읽고 쓰고 생각하고 말하고 외우는 것에만 집중했다. 덕분에 학교에서 원하는 모범생이 되었고, 정답을 요구하는 시험지는 거의 만점에 가까운 성적을 거두었다. 그런 나를 보고 부모님은 착하다고 칭찬했고, 선생님 역시 모범생이라고 불렀다. 나는 그 칭찬의 기쁨을 먹고 자랐다.

지금 생각하면 나는 스스로의 창의성을 앗아가는 공부에만 몰두했다. 안타까울 따름이다.

그래도 그 시절에는 그것이 전부인 줄 알았고, 이런 공부만이 내 삶의 방향을 찾아 줄 것만 같았다. 그렇게 된 것은 시대적 여건 탓이었다. 가난한 빈농의 집안에서 자랐기 때문이다. 하지만 책보다 더 좋은 책을 읽고 자랐다는 사실을 지금에서야 알게 되었다.

광활한 시골 풍경과 날만 새면 뛰어다녔던 산과 들, 논두렁 밭두렁은 온통 커다란 책이었다. 맑은 계곡의 물소리, 청아한 바람 소리, 내 귀를 시원하게 열어주는 새들의 노래 소리는 책에서 배울 수 없는 위대한 가르침이었다. 자연은 눈으로 가슴으로 영혼으로 스며드는 위대한 책이다.

아름다운 꽃이 피어나는 것을 보면 내 인생의 꽃이 얼마나 아름답게 피어나고 있는지 생각하게 된다. 무성한 숲을 보면서 내 인생의 지식의 숲은 얼마나 무성해지고 있는 지를 떠올렸다. 소낙비가 해바라기를 목욕시켜 주는 것을 보면서 내 마음의 찌꺼기는 깨끗이 씻어졌는지 생각하게 되었고, 바람이 갈대를 흔드는 것을 보면서 흔들리며 사는 것이 자연의 이치임을 배웠다. 눈에 보이는 경이로운 자연의 움직임이 책보다 큰 책이었다는 사실은 나이가 들어서야 비로소 깨달았다. 그래서 책보다 더 좋은 것이 산책이라고 했나보다.

어린 시절부터 지금까지 나에게는 온 세상이 배움이며, 학교다.

나무에 혀가 있고,
흐르는 시냇물에 책이 있으며,
돌 속에 설교가 있다.

- 셰익스피어

5장

독서의 힘, 세상을 바꾸다

"한낱 적국에게도 4배를 하거늘 하물며 우리나라 백성에게 절을 하는 것이
어찌 허물이 된단 말이냐?"

– 영화 〈신기전〉에 나온 세종의 대사

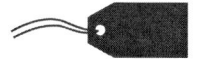

책을 사랑한 미국의 세종, 링컨

링컨 대통령도 세종과 함께 나의 독서 스승이라고 할 수 있다. 그 역시 독서광이었기 때문이다. 대학에 입학하면서 책에 빠져 책과 연애를 하며 보낸 20~30대는 순전히 링컨의 독서 멘토링 덕분이었다.

내 책상 위의 책들 중에 반복해 읽고 싶은 작품을 꼽으라면 단연 링컨의 일대를 다룬 《권력의 조건》(도리스 컨스 굿윈 저)이다. 분량이 800페이지나 돼 처음엔 두려움마저 있었지만, 책갈피에서 전해주는 링컨의 독서 열정은 완전히 나를 매혹시켰다. 책이 주는 위대한 힘에 무엇인가를 확신할 수 있었고, 그 힘을 종교처럼 믿었다. 세종이 닥치는 대로 책을 읽었던 것처럼 링컨 역시 새엄마의 사랑 속에 닥치는 대로 책을 읽었다.

국민에 대한 사랑은 링컨의 전부였다. 세종도 마찬가지였다.
어떻게 하면 누구나 행복한 세상이 될 수 있을까? 답은 늘 사랑이었다. 사랑이면 다 된다. 일도, 자연도, 사물도, 사람도, 사랑하면 상상 이상의 기적이 일어난다.

　미국의 오바마 대통령이 가장 존경하는 분이 바로 링컨 대통령이다. 오바마는 대선에 출마하기 전 철저하게 링컨을 연구했고, 그 리더십을 자신의 몸속에 체화했다. 링컨의 리더십이 바탕이 되어서일까. 그는 재선에도 성공했다. 링컨의 DNA가 녹아 있는 오바마의 정치 리더십이 어떻게 미국을 다시 세울지 기대된다.

　링컨은 미국 제16대 대통령(1861~1865) 켄터키 주 하딘에서 가난한 목수 겸 농부의 아들로 출생을 하였다. 8세에 어머니와 사별한 그는 생애를 통틀어 1년 미만의 학교 교육만을 받았다. 그러나 어진 계모의 지도와 독서에 의해 통나무집에서 성서와 셰익스피어 등을 읽었다. 그렇다고 생업을 놓치는 않았다. 어렸을 땐 부모의 농사를 돕고, 다음엔 선업, 제분업, 잡화상, 촌락의 우편 국장 등을 전전하며 법률까지 배웠다.
　지독한 가난의 빈농의 아들로 태어나 변호사, 의원, 대통령으로 성장한 링컨의 저력은 어디에서 왔을까? 역시 독서의 힘이다.

　링컨은 말했다.
　"내가 가장 좋아하는 친구는 책을 한 권 선물하는 사람이다."
　링컨의 성장기에는 책이 귀했다. 그래서 그는 손에 잡히는 책은 그야말로 닥치는 대로 읽었다. 성경, 로빈슨 크루소, 이솝우화, 천로역정, 신바드의 모험, 조지 워싱턴의 생애를 읽고 또 읽었다. 거의 외울 때까지 반복한 일이다.
　어느 날은 옆집 의사에게《조지 워싱턴의 생애》를 빌려 읽다가 낭패를 보기도 했다. 폭풍우를 만나 책이 흠뻑 젖어 못쓰게 되어서이다. 대신 일을 해서 보상하겠다고 했다. 책 주인은 화장실 똥 푸는 일을 시켰다. 일이 아주 깔끔하게 처리되자 의사는 그를 신뢰하게 되었다. 링컨 입장에선 책을 예전보다 쉽게 빌려 읽을 수 있게 된 것이다. 《독립선언서》, 《미국헌법》, 《블랙스톤의 논평》 등은 링컨의 인생에 가장 깊이 스며든 책이다.

양서를 읽고, 또 읽고 외울 때가지 읽는 습관은 링컨과 세종의 닮은 점이다. 세포에 녹아들어 행동으로 이어지는 독서를 하는 것도 비슷하다. 독서는 때로 해결되지 않는 문제까지 해결하는 해결사다. 그렇다고 지금 책 한 권 읽었다고 해서 그것이 바로 쓰임이 있는 건 아니다. 살면서 어려움을 만났을 때 내공을 발휘하는 것이 책 읽는 습관이다.

링컨이 변호사에 합격했을 때 누군가 그에게 물었다.
"어떻게 합격하셨습니까?"
그는 "뜻을 굳게 세우고 끊임없이 노력하면 이루지 못할 일이 없다"고 답했다. 거침없는 행보는 얼마 안 가 장애물에 걸렸다. 국회의원 선거에서 연거푸 낙방한 것이다. 담담한 태도는 이때도 변하지 않았다.

낙선 소식을 들을 때면 고급 음식점으로 향해 맛있는 음식부터 배불리 먹었다. 다음에는 이발소로 가서 머리를 단정히 다듬었다. 그리고 이렇게 말했다.
"이제 아무도 나를 패배자로 보지 않을 것이다. 오늘부터 다시 시작할 것이니."
멋지지 않은가? 우리는 크게 기대하고 있던 프로젝트가 실패했을 때 어떤 모습일까? 상심하고 스스로 자괴감에 빠져들지는 않는가. 링컨의 스스로 자기를 관리하는 모습에서 끊임없는 자기 긍정을 배울 수 있다.

대통령이 된 링컨은 대통령이 되자마자 독서를 맘껏 즐기며 서재를 책으로 가득 채웠다. 백인과 흑인을 차별하지 않았듯이 책도 전공 분야를 넘어 두루 섭렵했다. 그 결과 미국의 역사를 바꿀 결심을 세우게 된다.

"나는 노예가 되고 싶지 않다. 그러므로 노예를 부리는 사람도 되고 싶지 않다."

위대한 리더는 벽과 칸막이를 세우지 않는다. 링컨에게 학연, 지연, 혈연으로 생겨나는 벽은 없었다. 링컨은 성경과 셰익스피어의 아름다운 운율을 사랑했고, 긴 시를 암송하기를 즐겼다. 그만큼 그의 가슴에는 감성리더십이 살아 있었던 것이다.

링컨의 성공 열쇠는 세 가지로 요약된다. 긍정적인 마음가짐과 뛰어난 연설 능력, 그리고 독서다. 그 중에서도 독서는 그에게 지식과 감성의 창고로서 중요한 역할을 했다고 할 수 있다.

역사상 위대한 영웅들과 위인들이 많이 있었지만
진정한 거인은 링컨 한 사람밖에 없습니다.
왜냐하면 그는 자기를 미워하고 죽이려던 원수들까지도 용서하고
형제처럼 대하며 사랑의 손을 내밀었기 때문입니다.
링컨은 마치 예수 그리스도의 축소판이라고 할 수 있습니다.
그의 미소는 따사로운 햇살같이 빛났으며,
그의 행동은 바위처럼 단단했고,

그의 인품은 친절과 관용으로 넘쳤습니다.
우리 모두는 링컨을 인류 역사상 가장 위대한 성자로
영원히 기억할 것입니다.

- 톨스토이

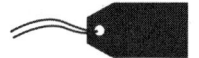

나폴레옹, 독서로 황제가 되다

한 시대의 영웅은 그냥 만들어지는 게 아니다. 오랜 세월이 지난 후에도 사람들 가슴에 영원히 살아있어야 영웅이라 불린다. 전쟁터에서 책 읽기로 유명한 키 작은 전쟁 영웅, 나폴레옹. 그가 지독한 독서에서 얻은 핵심적인 키워드는 "내 사전에는 불가능은 없다"이다.

이 말은 나폴레옹의 강한 자신감을 반영한다. 어떤 일을 함에 있어 반드시 이루고야 말겠다는 강한 긍정, 즉 초긍정의 힘이 오늘의 프랑스를 만들었다고 해도 과언이 아니다.

지중해 서쪽에 위치한 코르시카 섬 출신인 나폴레옹은 열한 살이 되던 해 아버지를 따라 프랑스로 건너가게 된다. 군인의 꿈을 안고 브리엔 군인학교에 입학한 나폴레옹은 놀림감이 되었다. 시골뜨기라는 이유로 왕따를 당했던 것이다. 그래서 그에겐 함께 놀 친구가 없었다. 늘 외롭게 지냈다. 그 외로움을 달래기 위해 달려간 곳이 도서관이었다.

어린 나폴레옹에게 책은 피난처이자 안식처였다. 친구들이 사투리를 흉내 내며 놀릴 때도 그의 손에 들렸던 건 책이었다. 그중에서도 그에게 가장 큰 영향을 준 책은 《플루타르크 영웅전》이다. 이 책은 고대 그리스와 로마 영웅들에 관한 종합 위인전에 해당한다. 그리스와 로마의 영웅들을 짝을 지어 비교 편집한 독특한 전기다. 동양권에서 보면 중국의 사기열전과 필적할 수 있다.

15세에 파리 육군사관학교에 입학한 나폴레옹의 취미는 여전히 독서였다. 수학과 역사 분야에서 뛰어난 성적을 보였던 그는 정치, 재정 분야부터 천문, 지질, 기상, 인구론에 이르기까지 폭넓게 독서를 했다. 터키와 몽골의 문화와 풍습에 대한 책까지 읽었다고 하니 그야말로 그에겐 독서가라는 타이틀을 붙일 수 있다.

어려서부터 독서로 황제가 될 준비가 되어 있었던 나폴레옹은 전장에서도 독서가의 면모를 보여주었다.

29세의 나이로 이집트 원정 사령관이 된 그는 3만 8000여 명의 원정군을 조직한다. 이 군대에는 군인들만 있는 것이 아니었다. 1000여 권의 책도 함께 했다. 말 위에서 그는 잠도 자고 책도 읽었다. 이렇게 습관이 남들과 달랐기에 보통 사람의 영역을 벗어났던 것이다.

그의 독서법은 어땠을까?

우선은 정독을 기본으로 했다. 단순히 눈으로 읽는 것이 아니라, 문학청년의 감성으로 냉철한 두뇌를 활용해 독파했다. 그렇게 읽고 난 후에는 습관적으로 중요한 포인트를 기록으로 남겼다. 요즘처럼 컴퓨터에 저장하는 것도 아니고, 직접 펜으로 썼으니 그 독서 열정이 정말 놀랍다.

그의 가슴에 새겨진 책갈피의 지혜는 위대한 선물로 재탄생했다. 창의적인 사고였다. 창의력을 키우는 독서는 백전불패의 전쟁 영웅이 되기 위해 꼭 필요하다. 미리 전쟁에서 이길 전략을 세워야 실제로 이길 수 있는 법이다.

원활하게 방어하기 위해서는 우선 상대에게 허점을 보여야 한다. 방어 태세를 취하면 상대방은 당신을 위협하지 않을 것이다. 오히려 경계를 늦춘다. 이렇게 상대가 경계를 풀면 기회를 놓치지 않아야 한다. 번개와 같이 공격의 기회를 포착하는 것이다. 진짜 의중을 숨겨 방심한 틈을 타 공격하면 상대를 이기기 쉽다.

나폴레옹 역시도 사실과 거짓을 섞은 정보를 유포해서 적에게 혼란을 주었다. 예측불가능으로 위협감을 주고, 복종하는 것처럼 보이면서 조롱해 혼을 빼놓았다.

전쟁에서는 오직 살아남기, 나아가 번영하기가 목적이다.

오늘날 비즈니스 세계도 이런 전쟁과 마찬가지다. 시장에서는 여기저기서 소리 없는 총성이 끊임없이 울린다. 욕망과 욕망이, 이해와 이해가, 관계와 관계가, 타자와 자아가, 자아와 자아가 다툰다. 보이지 않는 총탄에 들리지 않는 비명 소리가 가득하다. 이런 혼란스러운 세상에서 어떻게 살아남아야 할까? 답은 1등의 추구에 있다.

전쟁에서의 2등은 죽음을 의미하며, 경영에서의 2등은 도산이다. 차선(次善)은 없다!

나폴레옹은 책과 함께 자랐으며, 책을 통해 유럽을 지배했고, 책으로 인생을 마감했다. 모든 영화를 뒤로 하고 세인트헬레나 섬에 홀로 남겨져 있을 때 고독한 사자의 곁을 지켜준 벗 역시 책이었다. 마음의 두려움을 책 읽기로 달랬던 것이다.

우리를 힘들게 하는 것은 일이 아니라, 일의 결과에 대한 두려움이다. 지금하고 있는 일이 과연 옳은 길인가? 성장하는 길인가? 실패하는 길인가? 성공과 실패에 대한 두려움이 가슴을 누르고, 마음을 얼음처럼 차갑게 할 때, 어떻게 그 마음을 따뜻하게 녹여야 할까? 나폴레옹을 비롯한 시대의 영웅들은 한결같이 책 속에서 두려움을 해결했다. 미래가 두려운가? 100세 시대를 살아가는 우리는 인생의 마지막 무대가 가장 빛날 것이다. 어느 세대보다 여러 가지 연습을 많이 할 테니까 말이다. 그대는 지금 어떤 연습을 하고 있는가?

세계 최초로 로켓을 쏜 세종

얼마 전 우리 국민 모두의 소망인 나로호가 뜨거운 불길을 뿜으며 우주를 향해 성공적으로 발사됐다.

우리나라 최초의 로켓은 1440년(세종 30년)에 만들어진 신기전이다. 〈신기전〉이란 영화에서 보여준 하늘로 솟구친 화살이 공중에서 불을 뿜어내는 장면은 과히 '통쾌, 상쾌, 유쾌'한 명장면이다. 압록강 넘어 여진족을 몰아낸 이 무기는 '귀신같은 기계 화살'이다. 같은 해 개발된 대신기전은 화약통에서 1차 분사가 일어난 뒤 목표물 도착 직전에 폭탄이 터지는 세계 최초의 2단 로켓이었다.

영화의 스토리는 조선의 신무기 개발을 막으려는 명나라의 감시를 피해 상단 우두머리의 집으로 피신하면서 함께 신기전을 만들기 위해 노력한다는 이야기다. 무술과 상술을 겸비한 상인 설주(정재영), 지성과 미모를 겸비한 여성 과학자 홍리(한은정), 신기전 개발을 돕는 내금위장 창강(허준호)

을 중심으로 신기전의 개발 과정과 신기전을 둘러싼 명나라와 조선 간의 대결이 시작된다.

나는 명나라 사신들의 횡포에 분노가 끓어올랐다. 애국심도 꿈틀거렸다. 개인이든, 기업이든, 국가든 일단 강하고 봐야한다는 생각도 들었다. 영화는 약소국의 설움을 여과 없이 보여준다.

세종의 비밀 프로젝트로 개발된 신기전이 드디어 발사되는 순간은 잊을 수 없는 최고의 명장면이다. 둥근달 아래 은하수같이 수많은 신기전이 명나라 군사들을 향해 날아가는 모습, 애국심이 온몸으로 끓어오르는 순간이었다.

아직도 귓전을 맴도는 명대사가 있다.
설주와 홍리의 가슴 아리는 대화 중에 나오는 말들이다.

"그 어떤 일이 사람 목숨보다 귀하단 말이오."
"외로워도 참아야죠. 무서워도 참아야죠. 고독해도 참아야죠. 그게 얼마나 힘든 일인데요…."
"대체 난 당신에게 뭐란 말이오?"
"당신 때문에, 당신이 있기 때문이에요."
"내 목숨을 바쳐 당신을 지켜볼 것이오."

영화에서 가장 가슴을 찡하게 했던 것은 세종의 마지막 마무리 멘트이다.

"짐은 왕이요. 그대들은 황제이니라. 한낱 적국에도 4배를 하거늘 하물며 우리나라 백성에게 절을 하는 것이 어찌 허물이 된단 말이냐?"

멋지고 시원한 영화였고, 조선의 딸이라는 것이 자랑스러웠다. 세종의 로켓 개발의 힘은 어디서 왔을까?

세종의 최고의 군사 정책이었던 신기전은 만드는 방법이 아주 정밀하고 과학적이다. 불타는 화약을 담는 약통이 바로 종이로 만들어졌다는 놀라운 사실은 참으로 놀랍다. 여기에 적장까지의 거리와 날아가는 속도 등을 계산해 가장 잘 터질 수 있는 수치를 알아냈다는 것은 세종의 끊임없는 탐구 정신에서 비롯되었다. 요즘 과학 기술과도 맞먹을 정도로 정밀하고 정교하다. 뿐만 아니라 크기도 다양하게 만들어 필요한 상황에 맞게 사용했다. 이처럼 신기전에는 전쟁 무기 차원이 아닌 놀라운 과학 기술이 숨어있다.

읽고 또 읽었던 수많은 책들에서 묻어나는 탐구 정신, 그 탐구 정신이 있었기에 신기전이 발명되었고, 명나라와 멋지게 한판 승부를 할 수 있었던 것이다. 세상에 그냥 되는 것은 없다. 흐르는 강물도 세월의 흔적을 남기는데 하물며 사람이 쏟는 정성은 어떠하리. 세종의 탐구 정신은 오래전부터 유지한 하루 일과가 바탕이 되었다. 각종 자료를 통해 이를 추적하면 아래와 같이 정리할 수 있다.

---세종의 하루 일과---
1. 해 뜨기 전에 기상, 궁궐 어른들에게 아침 문안

2. 신하들과 고전을 두고 아침 경연

3. 아침식사 후 공식 업무 시작

4. 정기조회 조참, 약시조회 상참

5. 업무 보고를 받고, 관리들과의 윤대 후 오전 업무 마무리

6. 점심식사 후 1시간 내외로 낮 경연 진행

7. 지방관 면담

8. 야간 궁궐수비 점검, 호위군사 및 숙직관료 명단 확인하고 야간 암호 결정, 오후 5시경 공식 업무 종결

9. 저녁 경연 참석

10. 저녁식사 및 개인 시간, 궁궐 어른들에게 저녁 문안

세상을 이끄는 1% 천재들의 독서법

 2011년 가을, KBS1 TV에서 '세상을 이끄는 1% 천재들의 독서법'이란 주제로 다큐멘터리를 제작했다. KBS 취재팀이 나의 연구실을 방문하여 인터뷰와 촬영을 했다. 연구실 벽면을 가득 메운 책들 품에서 책 이야기를 하니, 대화가 풍요로워졌다.
 프로그램 주제인 세상을 이끄는 1% 천재들의 독서법은 과연 무엇일까? 스티브 잡스, 오프라 윈프리, 빌 게이츠 등 천재들은 다만 이렇게 말할 뿐이다.
 "나는 한 권의 책으로부터 왔다."

 이어령 선생은 책을 읽는 것은 친구를 사귀는 것과 같다고 한다. 친구는 누가 사귀라고 사귀는 것이 아니다. 그냥 좋아서 사귀는 것처럼 독서도 친구처럼 정답게 읽는 것이다. 독서는 처음부터 끝까지 완독하는 것은 아니다. 권장 독서는 오히려 독서력을 저하시킨다. 흥미 있는 책부터 읽으라는 일본의 사유리 야노와 천재 소년 송유근 씨는 모르는 내용이 나오면 다른 서적을 찾아본다. 그렇게 호기심이 지식의 지평을 넓히는 것이다.

'악동'으로 사람들 입에 오르내리던 가수 김창렬 씨가 독서하는 늦깎이 대학생이 된 이유는 바로 책 읽기에 있었다.

가요계의 사고뭉치로 25년 만에 대학에 입학한 그에게 책이란 스승이란다. 작가 한 분 한 분이 학교에서 배우지 못한 것을 가르쳐 주기 때문이란 게 그 이유다.

독서를 주제로 사회 저명인사들이 밝힌 생각들도 주목할 만하다.

김용 세계은행 총재는 여러 매체를 통해 "책 읽는 교양인이 되라", "매일매일 독서해서 독서 습관을 길러라", "좋아하는 책을 찾아서 다 읽으라"고 조언했다. 김대우 영화감독은 "규칙, 패턴이 없이 최대한 많은 양을 읽어라. 몰두하고 책으로부터의 영감과 자신의 경험이 화학적 반응을 해 이야기를 만들라"고 했다.

책을 읽는 방법은 각자에 따라 다를 수 있다.

35세에 일본 마이크로소프트의 사장이 된 나루케 마코토는 화장실에 한 페이지씩 읽을 수 있는 책을 두고, 집 안에 다른 책들을 놓고, 동시에 읽는다. 동시에 보는 책의 장르가 다 달라야 한다. 그래야 창의적 발상이 가능하다고 말한다. 동시에 읽으면 생각하는 방법이 유연해진다는 설명이다. 다른 반응, 다른 생각과 자주 만날수록 창의력이 자극받는다는 얘기다.

얼마 전 서울대 AIP 독서클럽에서 독서 여행을 갔다.

낮에는 자연 속에서 힐링하고, 밤에는 책 속에서 힐링하기 위해서이다. CEO들은 한 달에 한 번 같은 책을 읽고, 서로의 생각을 주고받는다. 독서클럽을 창립한 지는 올해로 6년째지만 독서 열정은 식을 줄 모르고 점점 뜨거워진다. 참가자들은 독서 내공이 깊은 그야말로 독서 고수들이다. 이들이 고수가 된 이유는 바로 토론의 힘이다. 혼자 읽을 때 느끼는 것과 함께 읽고 토론하면서 느끼는 것은 차이가 많다. 혼자 읽을 때는 책의 내용에 집중하지만, 서로의 생각을 나누는 토론을 하게 되면 아이디어가 진화·발전된다. 토론하는 중에 좋은 아이디어가 융합되어 새로운 아이디어를 만들어낸다.

한편, 세상을 이끄는 1% 천재들의 독서 비법을 일곱 가지로 요약해 보면 아래와 같다.

1. 자신만의 스타일로 읽어라.
2. 도서관을 내 방, 내 서재처럼 이용하라.
3. 자신이 흥미 있는 책부터 읽어라.
4. 부모가 책을 읽어야 자녀도 읽는다.
5. 책을 읽고 체험하고, 스스로 질문하며 연계 독서를 하라.
6. 독서클럽에서 함께 읽고 토론하라. 아이디어는 토론에서 재창조된다.
7. 독서의 힘을 믿어라.

6장

책을 통해 시대를 읽다

"무릇 보통 사람들은 자기보다 10배 부자에 대해서는 헐뜯고, 100배가 되면 두려워하고, 1000배가 되면 그 사람의 일을 해주고, 1만 배가 되면 그의 노예가 된다."

- 세종이 즐겨 읽었던 역사서인 《사기》에 나오는 한 구절

마음을 나누는 고품격 독서 마케팅

토끼를 잡으려면 귀를, 닭을 잡으려면 날개를, 사람을 잡으려면 마음을 잡아야 한다.

사람의 마음을 잡으려면 어떻게 해야 할까? 김상근 교수의 《사람의 마음을 얻는 법》에 보면 350년 동안 세상을 지배한 메디치 가문에 이에 대한 특별한 해답이 있었다. 한 번 맺은 신의는 반드시 지킨다는 것이다.

신뢰는 곧 마케팅이다. 신뢰는 오랜 시간을 통해 굳어진 상호 간의 믿음에서 온다. 신뢰감의 깊이는 그 사람의 내적인 소양, 즉 내공이 대변해 줄 때가 많다.

신뢰를 바탕으로 한 남다른 내공으로 마케팅 일을 하는 이가 있다. 현대자동차의 김 모 부장이 그렇다. 그의 손에는 언제나 책이 있다. 만나기로 한 고객에게 책을 선물하기 위해서다. 그는 자신이 읽지 않은 책은 결코 선물하지 않는다. 이는 그의 독서 철학이다. 내용을 알고 선물해야 실수가 없기 때문이다.

사람마다 독서 코드는 다 다르다.

나이, 성별, 직업, 성격 등에 따라 도서 선택은 달라진다. 각자의 관심 분야도 변수가 된다. 그렇기에 책을 선물할 때는 그 사람의 취향에 잘 맞춰 선택해야 실수가 없다. 상대가 좋아하려니 하면서 무작정 선물하면 책은 곧바로 서가가 아닌 구석진 곳에 처하는 신세가 된다. 내가 선물한 책이 그렇게 된다고 생각해보라. 선물의 의미가 없어진다.

그렇기 때문에 책을 선물할 때는 그 사람의 현재 상황에 잘 어울리는 책을 선정하는 지혜가 필요하다. 새로운 도약을 할 때 읽어야 할 책이 있고, 잠시 멈추어 휴식을 해야 할 때 읽어야 할 책이 따로 있다.

현대자동차의 김 부장은 '다이애나홍의 독서경영 1일 세미나'를 수료한 후 지금껏 5년째 독서 마케팅으로 자동차 판매를 하고 있다. 거의 매일같이 한국독서경영연구원 홈페이지 접속을 잊지 않는다. 영업 현장으로 가기 전에 반드시 홈페이지에 있는 독서향기 글을 읽고, 그 향기를 나누기 위해서이다.

무엇을 판매하기 위해서 고객을 만나는 것이 아니라, 자신이 읽은 책 내용을 나누기 위해서 손님을 만난다. 가슴에 울림을 주고 감동을 준 스토리를 혼자 알고 있기 아깝다는 게 이유다. 몇몇 지인들은 그를 만나는 것을 마치 연인을 만나는 것처럼 설렌다고 한다. 때때로 책을 내밀면 상대방도 그 책을 감동 깊게 읽었다고 맞장구를 쳐줄 때 그는 최고의 행복을 느낀다.

독서 코드가 맞아 떨어진다는 것이다. 코드가 맞으면 일은 척척 풀려간다. 덕분에 그는 자동차 판매가 꾸준하다. 이를 지켜본 몇몇 지인들은 김 부장을 확실한 독서 친구로 두며 절친이 되었고, 그들은 전달 독서의 달인으로 떠올랐다.

장미꽃을 팔지 말고, 사랑을 팔아야 한다. 음식이 아닌 건강을, 자동차가 아닌 편리함을 팔아라. 이를 위한 지혜는 독서에서 나온다. 독서 내공으로 고품격 마케팅에 도전해보자.

역사서를 읽는 이유는 미래를 알기 위함이다

우리가 역사서를 읽어야 하는 이유는 마키아벨리의 《군주론》에 잘 설명되어 있다. 역사서에는 성공한 정치가들과 전쟁 위인들의 행적이 적나라하게 공개돼 있다. 여러 환경에서 각자의 인물이 승리한 방법이나 실패를 극복한 지혜를 배울 수 있다.

세종은 사마천이 쓴 《사기》의 열렬한 독자였다. 몸소 읽고 "집현전의 선비들에게 《사기》를 나누어 주어 읽게 하고자 한다"면서 강력 추천했다. 이 책은 지금 봐도 냉철한 분석이 담겨 있다. 70권의 열전 중에 하나인 '화식열전'만 봐도 느껴지는 부분이다.

세간에 '천금을 가진 부잣집 자식이 길거리에서 죽는 법은 없다'고 하는데 빈말이 아니다. 무릇 보통 사람들은 자기보다 10배 부자에 대해서는 헐뜯고, 100배가 되면 두려워하고, 1000배가 되면 그 사람의 일을 해주고, 1만 배가 되면 그의 노예가 된다. 이것이 사물의 이치다.
― 《사기》, '화식열전(貨殖列傳)' 중에서

《사기》는 방대한 서적이다. 총 130편으로 이루어졌으며 예로부터 이해하기 쉽지 않은 책으로 알려져 왔다. 구성이 복잡해 읽고 있으면 어지러운 책이기에 난서(亂書, 어지러운 책)라고 불리기까지 했다. 관련 연구가 차츰 진행되자 진가가 드러나기 시작했다. 이후 어지러운 책이 아닌 이해하기 어려운 책 정도로 탈바꿈했다. 난서(難書)라고 불리기 시작했던 것이다. 이 책의 가치는 대단하다. 박경리 작가는 《사기》를 쓴 사마천에 대해 이런 시를 썼을 정도다.

> 그대는 사랑의 기억도 없을 것이다
> 긴 낮 긴 밤을
> 멀미같이 시간을 앓았을 것이다
> 천형 때문에 홀로 앉아
> 글을 썼던 사람
> 육체를 거세당하고
> 인생을 거세당하고
> 엉덩이 하나 놓은 자리 의지하며
> 그대는 진실을 기록하려 했던가!

지금은 고인이 된 박 작가는 생전에 평생 사마천을 생각하며 살았다고 한다.

읽고 있으면 어지러운 책이든 이해하기 어려운 책이든 《사기》가 쉽지 않은 책임은 분명하다. 이토록 어려운 책이 세종이나 박경리 작가 등 많은 사람들에게 반향을 일으키는 이유는 뭘까?

사학자 김영수 씨는 《사기》를 읽는 이유로 크게 두 가지를 들었다.
첫째는 중국의 눈부신 발전이다. 중국은 이미 강대국으로 성장했으며 그 성장세는 현재 진행형이다. 한국은 중국과 떼려야 뗄 수 없는 관계이기 때문에 중국을 잘 알아야 할 필요가 있다. 김영수 씨는 중국을 알기 위해서는 지금 중국이 내세우고 있는 소프트 파워 전략에 주목하라고 말한다. 소프트 파워 전략은 20세기 패권을 휘둘렀던 미국의 하드 파워 전략과 반대되는 개념으로 경제와 문화를 앞세우는 중국의 국가 전략이다. 그런데 이 소프트 전략의 기본 텍스트가 바로 《사기》라는 것이다.

김영수 씨는 《사기》를 읽어야 할 두 번째 이유로 자아 성찰을 꼽았다. 제법 오랜 기간 동안 서양의 논리가 세상을 지배했다. 하지만 서양의 논리가 우리 삶에 꼭 들어맞지 않았다. 이제는 서양 사람의 방식이 아닌 동양 사람의 방식으로 우리 자신을 이해하고 싶은 욕구가 생겨났다. 《사기》는 병들어 있는 우리 세상에서 삶을 재성찰하기 위한 텍스트북이 될 수 있다. 김영수 씨는 현 한국 상황에 대해 부정적으로 전망한다. 남북문제는 경색되었고 대외 의존도는 심화되고 있으며, 경제는 장기 침체로 들어설 가능성이 높다. 인맥과 혈연을 중시하는 특유의 풍조도 선진국으로 도약하는 데 있어 걸림돌이다. 상황을 타개하기 위해 그가 제안하는 건 개혁이다.
이런 개혁을 위해 가장 필요한 건 무엇일까? 김영수 씨는 신뢰를 꼽았다. 국민들이 나라를 신뢰할 수 있을 때 개혁이 성공할 수 있다는 것이다. 하지만 그는 정치인들이 법을 어기고 있기 때문에 국민들의 신뢰를 많이 잃은 상황이라며 아쉬움을 드러냈다.

이 신뢰를 위한 구체적인 방안은 여러분이 직접 《사기》를 읽으며 찾아보기를 바란다. 세종이 그러했듯이 말이다.

인문학을 읽는 이유, 그곳에 인생이 있다

최근 가장 인기 있는 학문이 바로 인문학이다. 인문학이 무엇인가? 사전을 찾아보면 라틴어 휴마니타스(humanitas), 즉 인간의 본성을 뿌리로 하며 인간의 사상 및 문화를 대상으로 하는 학문 영역이라는 사실을 알 수 있다. 인문 과학의 분야로는 철학과 문학, 역사학, 고고학, 언어학, 종교학, 여성학, 미학, 예술, 음악, 신학 등이 있으며, 크게 문·사·철(문학, 역사, 철학)로 요약되기도 한다. 문학을 통해 감성을 배우고, 역사를 통해 통찰을 키우고, 철학을 통해 본질을 알아가는 것이다.

삶의 향기가 있는 곳에 인문학의 향기가 있다. 삶과 인문학은 하나이기 때문이다. 개인의 삶에 문·사·철이 녹아내리고, 기업 경영에도 인문학적 감성이 힘을 발휘할 때 비로소 무너지지 않고 성장할 수 있다. 그렇다면 왜 기업은 인문학적 감성을 지닌 인재를 필요로 할까?

기업의 목적은 누가 뭐라 해도 결국 살아남는 것이다. 살아남아서 직원들과 행복을 나누고 나아가 사회를 풍요롭게 하는 데 있다. 살아남기 위한 몸부림은 실로 눈물겹다. 신입사원은 능력을 바치고 리더는 영혼을 바친다는 말이 있다. 이제는 신입사원은 사장처럼, 사장은 신입사원처럼 첫 마음, 첫 열정으로 하나가 서로에게 성장의 선물을 주어야 한다.

어떻게 하면 좀 더 좋은 기업을 만들 수 있을까?

제대로 된 기업은 우선 입사하면 내가 다시 학교를 다니는 느낌을 받는다. 첫 출근, 첫 발걸음부터 교육이기 때문이다.

과거에는 신입사원들에게 경영학에 관련된 교육을 많이 했다. 급변하는 현실 속에 살아남기 위한 전략을 공부하기 위해 직장인들은 경영서적을 탐독했다.

장사는 돈을 버는 것이고, 기업은 사람을 버는 것이다. 최고의 복지는 교육이라고 했듯이 교육을 통해 인재가 양성되고, 인재가 기업을 살린다. 최근에는 인문학적 감성 인재를 찾고 있다. 왜일까? 감성이 이성보다 힘이 세기 때문이다. 머리로 풀지 못하는 것은 가슴으로 풀어낼 수 있다.

우리나라 대기업 후계자들의 상당수가 의외로 경영학이 아닌 인문학을 전공했다. 삼성의 이재용 부회장과 이건희 회장, 고 정몽헌 회장, 정몽준 의원의 경우, 경영 관련 수업은 대학원 MBA 등을 통해 익히고 대신 대학교 학부에서는 기초적인 인문학적 소양을 배웠다는 공통점이 있다.

그 이유는 무엇일까?

경영학은 이성에 무게 중심을 두었다면 인문학은 감성에 무게를 싣는다. 딱딱해진 머리를 말랑말랑하게 하는 것은 무엇보다도 중요하다. 업무에 감초 역할을 하는 신선한 아이디어도 딱딱해진 머리에서는 나오기 힘들다. 비워야 채울 수 있듯이 유연함 속에 새로움이 있다.

인문학을 어떻게 공부할 것인가? 인물 탐구를 철저하게 하는 것이다. 그 사람이 어떻게 생활했으며, 어떤 정신을 갖고 살았는가…. 인문학이 아니라 인문 정신을 배우는 셈이다. 이는 고전을 통해 간접적으로 체험을 할 수 있다. 고전은 독서의 꽃이다. 그들의 일상, 우여곡절의 인생, 삶, 죽음, 지혜 등 우리가 묻고 싶은 질문에 대한 통찰이 담겨있다. 수백 년이 지난 오랜 과거의 이야기지만 역사 속에 오늘의 우리 현실이 고스란히 담겨있다. 역사를 보면 미래를 볼 수 있고 역사를 통해 미래를 예측해야 한다.

감성을 키우기 위해서는 예술과 문화 두 개의 튼튼한 기둥이 필요하다. 예술성은 기업의 최고 경쟁력이다. 글로벌시장에서 중요한 것은 '경영과 예술의 융합'이다. 글로벌 경쟁을 뚫고 나가야 하는 경영자들에게 창조경영에 필요한 감성역량과 융합역량은 필수다.

예술과 감성은 기업 경영과 얼마나 관련이 있을까?

삼성경제연구소가 회원 CEO 436명을 대상으로 예술과 경영의 연관성을 조사한 결과, CEO가 보유한 '예술적 감각'이 경영에 도움이 된다고 생각하느냐는 질문에 응답자의 45.2퍼센트가 매우 그렇다, 50.9퍼센트가 그렇다고 답했다.

최근 조선일보에 따르면 최근 기업들 사이에 기술력뿐만 아니라 인문학적 소양과 문화적 수준까지 아우르는 이미지 경쟁이 본격화되었다고 한다. 이제 일반 고객에게도 클래식 공연, 미술 전시회 등 다양한 문화예술을 접목하는 마케팅이 활발하게 도입되고 있다. 경품 추첨·사은품 제공 등 일회성 이벤트에서 벗어나 문화예술 활동을 통해 기업의 새로운 가치를 만들어 나가는 것이다.

기업이 펴고 있는 대표적인 문화예술 마케팅은 클래식을 비롯해 오페라·뮤지컬 공연을 후원하고 고객들을 초청하는 것이다. 하지만 최근 들어서는 일상생활에서 쉽게 접하기 어려운 클래식과 미술 작품에 대한 이해도를 높일 수 있는 예술 강좌도 크게 늘고 있다.

그동안 특정 소수를 위한 고급문화로 인식되어 온 문화예술 공연이 디지털·IT 기술의 발달로 저변이 확대되고 대중문화로 스며들고 있는 상황도 기업이 문화예술 마케팅을 적극적으로 활용하는 이유 중 하나다. 경제 성장과 함께 삶의 수준이 높아지면서 오페라·뮤지컬, 미술 전시회 등에 대한 소비자의 욕구와 관심이 크게 증가한 만큼 문화예술에 대한 다양한 지원을 통해 소비자의 호응을 얻을 기회가 많아졌기 때문이다.

이처럼 가슴으로 느끼고 영혼을 출렁이게 하는 각종 이벤트는 새로운 세상에 대한 상상력과 인문학적 통찰력을 키워준다. 같은 공연을 보고, 느낌을 공유하며, 소통하고, 눈으로 보고 가슴으로 느끼며 행동으로 옮길 때 또 다른 세상을 열 수 있다.

이제는 창의력이 지배하는 세상이다. 눈에 보이지 않는 무언가를 만들어낸다는 것, 섬광처럼 스쳐지나갈 때 내 머리에 스파크를 일으키게 하는 것은 자기 안에 수많은 정보와 지식이 잘 숙성되어있을 때 가능하다. 자료가 입력된 후 시간의 흐름에 숙성되고 발효되어 나타날 때 비로소 창조가 일어난다.

그렇다면 창조를 위한 인문학적 소양을 갖추기 위해서 어떻게 해야 할까? 쉬운 방법은 역시 독서가 될 수 있겠다. 어떤 책을 어떻게 읽을 것인가? 우선 자신이 읽고 싶은 분야부터 시작하는 것이 좋다. 책 읽기든 운동이든 일이든 일단 즐거워야 하니까. 나에게 에너지를 주는 책은 마음을 촉촉이 적셔주는 책이 될 수도 있고, 몰랐던 부분을 가르쳐 주는 책이 될 수도 있다. 읽기 싫은 책을 억지로 읽으면 머리만 복잡해진다.

관심 분야의 책으로 시작해서 점차적으로 인문학, 경영학, 철학, 역사 등으로 독서 분야를 확대해가는 것이 좋다.

1892년 존 록펠러가 세운 시카고대학은 설립 초기에는 삼류대학이었지만 2000년까지 오면서 노벨문학상을 70년 동안 73명 배출했다. 5대 총장인 로버트 허친스가 존 스튜어트밀 식의 독서법으로 철학 고전 읽기 방식을 교육 방침으로 도입했기 때문이다. 동서양의 철학 고전을 비롯한 각종 고전 100권을 외울 정도로 학습하게 하고 그렇지 못한 학생을 졸업을 시키지 않는다는 프로그램이다. 이 독서법으로 사물의 근원에 대한 호기심과 상상력, 통찰력 등 입체적인 깊은 사고를 훈련시켰던 것이다. 이는 곧 많은 노벨상 수상자를 배출한 명문대학이 될 수 있는 원동력이 되었다.

최근 서울대 '미래창조공부모임'에서 느낀 것은 역시 미래에 대한 통찰과 예측이다. 새로운 분야를 공부하는 것은 언제나 설레는 일이다. 책을 통해서, 강연을 통해서, 공연을 통해서 가슴에 풍요로움을 채우는 것은 의미 있는 일이다.

삼성과 현대·기아차, LG, SK, 포스코, GS 등 주요 그룹이 신입사원 선발 시 인문학적 감성을 매우 중요시하는 배경이 되고 있다. 포스코의 서양 철학 인문학 강좌, LS전선의 인문학 지식 겸비 인재 육성을 위한 창조학교, 롯데백화점의 인문학 문화센터, SK케미칼의 조조 인문학 강연회, 휴넷의 모바일 행복한 인문학당 등이 대표적인 프로그램이다.

10대 그룹의 한 인사 담당자는 "주변과의 나눔은 미래경영 중 가장 세련된 전략이 요구되는 분야"라며 "인간에 대한 본질적 탐구 능력과 인간애(愛)를 갖춘 이들만이 나눔 경영을 자연스럽게 꽃 피울 수 있다는 점에서 인문학적 재능의 인재가 중요시되는 시대"라고 말했다. 인재가 굳이 인문학도 출신일 필요는 없다. 기업이 인문학 강좌를 통해 임직원의 인문학적 소양을 키울 수 있기 때문이다. 보는 만큼 느끼고 아는 만큼 행한다는 말이 있다. 책으로 지혜를 얻고, 미술과 음악으로 감성을 느껴보자. 기업에서 사람 냄새나는 감성의 꽃을 피워가는 것이다. 비지니스계의 거목들은 이미 이런 면모를 일찍이 직접 보여주었다.

> "만약에 내가 소크라테스와 점심을 같이할 수 있다면 우리 회사가 가지고 있는 모든 기술을 그의 철학과 바꾸겠다."
> - 스티브 잡스, 애플 전 CEO

> "나는 매일 밤 독서를 한다. 대중적인 신문이나 잡지 외에 적어도 한 가지 이상의 주간지를 처음부터 끝까지 읽는 습관 때문이다. 책과 잡지를 읽을 때 보통, 분야를 가리지 않고 읽는다."
> - 빌 게이츠, 마이크로소프트 전 회장

결론적으로 인문학적 감성을 키우기 위해서는 고전을 통해 인문정신을 배워야 할 것이며, 이를 위해 고전읽기와 다양한 분야의 책을 접하는 것이다. 독서가 중독이 된다면 이미 인문학적 감성이 가슴에 무럭무럭 자라고 있는 것이다. 독서의 새싹이 무럭무럭 자라서 무성한 인문학의 열매를 맺길 희망한다.

고전을 읽어야 하는 이유

나의 20대에는 온전히 성공한 인물을 탐구하는 것이 취미였다. 그들이 어떻게 성공했는지 샅샅이, 낱낱이 뒤졌다. 역사 속의 영웅이나 현존하는 영웅이나 그들이 영웅이 될 수 있었던 것은 거의 고전읽기의 힘이었다. 고전은 지혜의 산삼이다. 그들이 한평생을 담은 보물창고다. 지금보다 훨씬 상상조차 할 수 없는 열악한 시대에 태어나 기적을 이루어낸 그들의 절박한 삶이 내 삶의 거울이 된다.

독서의 꽃은 단연 고전이다. 어떤 책을 어떻게 읽어야 할까? 공자의 논어도 쉽게 풀어쓴 책이 있다. 개인적으로 양병무의 《행복한 논어 읽기》라는 책을 읽는 동안은 정말 행복하다. 일단 내용이 읽기 쉽다. 논어하면 어렵다는 선입견을 가지기 쉬운데 이 책은 논어의 첫 문장만 한자어로 하고 나머지는 우리 일상의 이야기를 중심으로 풀어낸다. 우리가 살면서 꼭 알아야 할 삶의 기본 원칙을 논어 50구로 풀어내는데, 평생학습, 직업정신, 리더십, 인간관계에서의 원칙을 주로 다룬다.

중국 노나라에서 기원전 551년에 태어난 공자는 세 살에 아버지를 여의고 홀어머니 밑에서 자란다. 공자의 아버지는 첫째 부인과 사이에서 딸만 9명이었다. 아들이 없자 만난 둘째 부인은 불구자를 낳았다. 그가 65세가 되던 해 다시 16세인 셋째 부인과 결혼해 낳은 아들이 바로 공자다. 일반적으로 봤을 때 도덕적인 논란이 될 수 있는 나이 차이였기에 어떤 역사서는 공자를 야합의 자식이라고까지 기록한다고 한다.

이런 논란에도 불구하고 공자는 어렸을 적부터 배우기를 즐겼다.

30세에는 자신의 학문을 전파하기 위해 최초의 사립학교까지 설립했다. 한때는 자신을 알아줄 군주를 찾아 다녔지만 뜻을 이루지 못하고 제자들의 교육에 여생을 보냈다.

논어의 기본 원칙은 인의예지신(仁義禮智信)이다. 이 논어의 가르침 중에 가장 와 닿는 부분은 근자열원자래(近者說遠者來), 즉 가까이 있는 사람들을 기쁘게 하고, 멀리 있는 사람들을 찾아오게 하는 것이다.

공자의 인생관은 감격 그 자체다. 나를 다스리는 기술을 넘어 아름다운 인간관계의 지혜를 전해준다. 그에 대해 연구한 중국 송나라의 정치가이자 문학가인 왕안석(王安石)은 공자의 학문에 푹 빠졌다. 그러면서 주위에 독서를 의미를 강조했다. 공자를 만난 곳도 책이었기 때문이다.

    가난한 자, 책으로 인하여 부유해지고 (貧者因書富)
    부유한 자, 책으로 인하여 귀해지며 (富者因書貴)
    어리석은 자, 책을 얻어 현명해지고 (愚者得書賢)
    현명한 자, 책으로 인하여 이로워지니 (賢者因書利)

책 읽어 영화 누리는 것 보았지 (只見讀書榮)

책 읽어 실패하는 것은 보지 못했네 (不見讀書墜)

— 왕안석(王安石)

손욱 서울대학교 융합과학기술대학원 초빙교수는 '문사철(文史哲) 600'이라는 용어를 유행시켰다. '문사철 600'이란 문학(300권), 역사(200권), 철학(100권)을 말한다. 손 교수는 삼성인력개발원장 시절 고려대 서강대 강의에서 "폭넓은 독서량에 바탕을 둔 리더십을 갖추어야 사회에 나가 성공할 수 있다"면서 자신의 대학시절 경험을 소개한 뒤 "학창시절 문학 역사 철학 책 600권 독파를 목표로 세워보라"고 학생들에게 권유했다.

신봉승 원로 작가도 2012 서울국제도서전 인문학아카데미에서 "인문학은 문사철 600권을 읽었을 때 가능하다"고 말했다.

언어의 보물창고에 들어가기 위해서는 특히 시나 소설 등 문학 관련 책을 많이 읽어야 한다. 그래야 우리가 쓰는 단어라든지 언어생활이 윤택해진다. 신 작가는 우리에게 한국의 시 중에 몇 편이나 외우냐고 묻는다. 문화 선진국인 영국에서는 보통 할머니도 그 나라의 대표적인 시인 워즈워스가 지은 시 10편은 외운다는 설명이다.

역사는 오랜 세월 속 경험의 보고이기에 우리의 미래를 예측하는 시금석이 된다. 신 작가는 책 한 권만 400페이지가 넘는《조선왕조실록》413권을 9년 동안 완독했다고 밝혔다. 일반인도 하루 100페이지씩 매일 읽으면 4년이 걸리는 분량이다. 이런 그는 어떤 시대라도《조선왕조실록》에서 하지 말라는 것을 자꾸 하게 되면 결국 어려움에 처할 것이라고 주장한다.

신 작가는 정권이 아무리 오래되더라도 결국 후계자에게 주지 않으면 안 된다면서 배우지 말아야 할 나쁜 예로 대원군을 들었다. 대원군은 고종이 12살이라는 어린 나이라서 섭정을 한다. 만일 대원군이 고종이 20살이 되던 해에 그만뒀더라면 조선왕조에서 가장 훌륭한 사람이 되었을 것이라는 게 그의 주장이다. 작가는 말한다.

"8년 동안 섭정을 해보니 재밌는 것이다. 결국 노탐에 젖은 대원군은 고종이 20살이 되어도 그만두지 않아 결국 망하게 된 것이다. 문사철을 등한시한 것이다."

역사는 언제나 바른길을 가는 자에게는 행운을, 그렇지 못한 자에게는 벌을 내린다.

좋은 글은 당신의 운명을 바꾼다

당신에게 운명을 바꾸어준 문장이 있는가?

내 온몸에 전율을 느끼게 하고, 가슴에 메아리치고, 무릎을 치게 하는 글을 만났는가? 이런 글은 한 문장의 모습이다. 그 운명의 한 문장이 한 사람의 방황하는 삶에 희망의 빛이 되고, 희망의 길이 된다.

삶이 절박할수록, 고독할수록, 벼랑 끝에 서 있을 수록 한 줄의 명문장이 운명을 송두리째 바꾸어 놓는다. 개인적으로 학원을 18년 동안 운영하면서 얼마나 많은 크고 작은 사건들이 있었는지 모른다. 지금 생각하면 아슬아슬한 순간이 참으로 많았다. 하루도 바람 잘 날 없는 사건 사고들이 늘 마음을 불안하게 짓눌렀다.

아무도 가지 않은 새로운 길은 고독한 길이다.

남편의 부도로 18년간 운영했던 학원을 정리하고 실업자가 되었을 때 세상은 온통 암흑이었다. 당당하고 화려했던 원장의 직함이 없어지고 처절한 실패자가 되어 실업자가 된 나는 세상이 너무 무서웠다. 무섭고 두려워서 매달린 것이 바로 책이었다. 길을 잃고 헤매고 있을 때 하늘에서 동아줄을 내려준 것이 바로 '독서경영'이었다. 보고 듣고 배울 곳이 없었다. 그래서 무작정 책에 매달렸다. 그 길은 험난한 가시밭길이었고, 무거운 생을 지고, 흔들리고 흔들리며 걸어가는 사막의 낙타처럼 외로운 시간이었다.

외로울 때마다 읽고, 흔들릴 때마다 읽었다.
책은 날마다 습관처럼 세포에 기억되고 근육에 기억되었다. 은행에 저축이 늘어나듯 나의 독서 근육도 단단해졌다. 책은 산삼보다 힘이 셌다. 어느 순간 나는 가시밭길 지나 무성한 숲을 만나고, 사막을 지나 오아시스를 만났다.

지나온 시간들을 생각해보니 과거 18년간 학원을 그럭저럭 운영했던 것도 오로지 독서의 힘이었다. 학원을 경영하는 동안 가장 행복했던 시간은 책 읽고 글 쓰는 시간이었다. 그 시간은 온전히 나의 영혼을 쉬게 하는 휴식이었으니까.

그때 읽었던 책들이 있었기에 하늘에서 내려준 동아줄을 잡을 수 있었다. 기회는 준비된 자에게 축복처럼 내린다. 덕분에 나는 지금 세상에서 최고로 행복한 직업을 가졌다. 이에 날마다 감사하다.

삶이 흔들리는가? 세상이 혼란스러운 것이 아니라 내 마음이 흔들리는 것이다. 흔들리는 내 마음을 어디에서 위로받고 싶은가? 남자, 친구, 가족 다 좋다. 하지만 그들이 나에게 해 줄 수 있는 것이 어디까지일까? 세상에 백마 탄 왕자는 없다. 내가 왕자를 태워야 할지도 모른다.

나는 흔들릴 때마다, 그리고 막연할 때마다 책을 잡았다. 두려울 때도 외로울 때도 마찬가지였다. 책을 잡으니 세상이 잡혔다. 세상을 잡으니 행복도 잡혔다. 뜻밖의 좋은 세상이 열렸다. 보너스 인생이다. 이 귀한 보너스 인생을 잘 가꾸기 위해 나는 여전히 책을 잡고 있다. 책을 잡으면 우정도, 사랑도, 미래도 아름답게 피어난다.

3부

절대 고독,
당신은 다산만큼 고독한가?

생각이 게으르면 모든 것이 게으르다.
그래서 다산은 "부지런하고 부지런하고 부지런하라"고 주문한다. 18년간 유배 생활에도 그는 글쓰기에 모든 것을 걸었다. 돌부처처럼 앉아 끊임없이 저술 활동에 몰두했기에 복사뼈에 세 번 구멍이 날 정도였다. 무엇이 이런 열정을 가능하게 했을까? 바로 고독이다.

7장

온몸을 던져야 명품이 된다

"육십 평생 바람개비 세월이 눈앞을 스쳐 지나는데
무르익은 복숭아 봄빛이 마치 신혼 때 같아라."

- 다산이 얼마 남지 않은 회혼일(결혼 60주년)을 맞아 쓴 글 중에

복사뼈에 구멍이 세 번 뚫리다

다산의 삶은 알면 알수록 사랑하지 않을 수 없다. 눈물이 맺힌다. 그의 삶 속 깊숙이 들어가면 가슴이 아린다. 얼마나 인내하고 또 인내하며 고뇌의 날을 보냈는지, 인내의 끝은 어디인가? 바닥에 닿는 복사뼈가 세 번이나 구멍이 날 정도로 학문을 연구하는 그 정신은 어디서 온 것일까? 글을 쓰는 사람에게 꼭 필요한 정신은 좋은 작가를 꿈꾸는 나에게는 늘 일침을 놓는다. 다산의 제자 황상은 말한다.

"공부를 하지 않으면 그날로 나는 죽음일세. 우리 선생님은 귀양지에서 20여 년을 지내면서 날마다 저술에만 힘쓰다가 복사뼈가 세 번이나 구멍이 났다네. 선생님께서도 부지런히 공부하라고 몸소 가르쳐주신 말씀이 지금도 귀에 쟁쟁한데 관 뚜껑을 덮기 전에는 그 지극한 가르침을 저버릴 수 있단 말인가?"

어떤 만남은 운명이다! 조선시대 전방위 지식인 다산 정약용, 그의 가르침을 따라 평생을 산 단 한 사람, 황상(黃裳)은 다산의 정신을 그대로 닮았다. 진정한 다산의 수제자다. 그가 이토록 공부하는 이유는 오직 스승의 가르침을 실천하기 위함이었다. 과골삼천(踝骨三穿)이라는 말이 여기서 나왔다. 스승은 있어도 제자는 없다는 요즘 우리 상황에서 18세기 지식인의 얼을 소리 없이 전해준다.

"부지런하고 부지런하고 부지런하라."

삼근계(三勤戒).
다산의 가르침은 이 세 가지였다.
부지런함의 세 가지는 생각을 부지런히 하고, 손을 부지런히 움직이고, 발로 부지런히 뛰어다니라는 뜻이다. 하나씩 살펴보자.

첫째, 생각을 부지런히 놀려라.
어떻게 생각을 부지런하게 할 것인가? 요즘 말하는 끝장정신이다. 밑바닥까지 다 캐지 않는다면 유익이 없다. 공부하다 모르는 것이 나오면 완전히 알 때까지 끝까지 파고들어 보라는 이야기다. 경영에서 적자경영은 반드시 흑자경영으로 극복하는 끝장정신을 말한다. 어디서부터 무엇이 잘못되었는지, 정확히 분석하고 대안을 만들고 마침내 극복해내는 의지를 말한다.
유교가 학문의 시작을 격물(格物)에 두었던 이유를 다산은 정확하게 간파하고 실천했다. 의문을 내버려 두지 않는 부지런함이 필요하다. 생각이 게으르면 모든 것이 게으르다.

둘째, 손을 부지런히 놀려라.

글쓰기는 엉덩이의 힘과 손가락의 힘이다. 다산의 기록정신은 놀랍다. 눈에 보이는 대로 적었고, 가슴에 느끼는 대로 적었다.

다산은 메모광이었다. 그의 손은 쉴 틈이 없다. 베껴 쓰고, 초록하고, 분류하고 정리하여 한 권의 책으로 묶어내는 작업은 그의 특기였다. 오전에는 제자들에게 베껴 쓰는 연습을 시켰다. 학연에게 보내는 편지에서 책의 중요한 내용을 베껴 쓰는 일을 그만두지 말라고 당부한다. 열 개의 손가락을 부지런히 움직여라. 컴퓨터 자판을 두드리는 소리는 글이 되고 책이 되고 꿈이 이루어진다.

셋째, 발을 부지런히 놀려라.

행운은 나에게 오는 것이 아니라, 내가 찾아나서는 것이다. 꽃이 내게 오는 것이 아니라, 내가 꽃에게 다가가는 것이다. 결국 답은 현장에 있다.

다산도 현장에 있었다. 현장 체험과 관찰정신, 그리고 탐구정신에서 학문의 이유와 답을 찾았다. 파랑새는 산 넘어 있는 것이 아니라 발아래 있다. 다산은 집필하는 동안 많이 다녔다. 다산의 발자취를 직접 느끼기 위해 여유당을 비롯해 강진 유배지 다산초당을 천천히 걸으며 그 시절의 함성을 듣고 함께 아파했다. 다산은 삶과 동떨어진 학문을 배격했듯이 책상에서 느끼는 다산정신을 넘어 현장에서 그 청정한 정신을 느끼고 싶었다.

다산은 백성들과 함께 울고 웃었다. 그곳에서 분노했고, 대안을 찾고자 몸부림쳤다. 당시 심각한 사회문제였던 환곡제도의 폐단도 '환향의(還餉議)'와 '환상론(還上論)'으로 대안을 제시한다. 군기론을 작성할 때는 다산이 현장을 직접 찾아가 면밀하게 살펴보았다. 답은 현장에 있다. 다산은 발을 놀리지 않았다.

  다산의 복사뼈정신을 담은 과골삼천(踝骨三穿)과 생각, 손, 발을 부지런히 하라는 삼근계는 좋은 글을 쓰려는 나에게 최고의 스승이다.

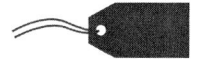

절대 고독의 힘

사람을 느끼고 싶은가? 그 사람 가슴 속으로 들어가면 된다. 가을을 느끼고 싶은가? 가을 속으로 걸어가면 된다. 책을 느끼고 싶은가? 책 속으로 들어가면 된다. 고독을 느끼고 싶은가? 고독 속으로 들어가면 된다.

파란 하늘은 별의 바다라면 사람의 마음은 고독의 바다다. 최고의 고독남 다산, 그는 천주교도 탄압사건으로 18년간 유배생활을 하게 된다. 한순간에 운명이 바뀌는 귀양살이를 했다. 40세~58세까지 나이면 얼마나 왕성한 활동을 할 나이인가? 정말 대단한 세월이다. 운명을 바꾸고 역사를 바꾸는 남자의 진짜 삶을 살아야 할 엑기스 같은 나이인데 유배지에서 귀양생활을 했다니, 그 안타까움을 어찌 다 말할까? 그는 참으로 모진 운명의 세월을 보냈다.

고독을 견디어 내는 힘이야 말로 우리를 행복과 성공으로 이끌어 주는 힘이다.

18년간 500여 권의 책을 저술할 수 있었던 것은 과연 무엇 때문일까? 그의 유배지 생활에는 특별한 철학이 있었다.

첫째, 고독했다. 고독은 성장의 힘이다.

둘째, 혼자 있는 시간이 많았다. 홀로 있는 시간은 내적 성장이 이루어지는 보물을 만드는 시간이다.

셋째, 자존심이 있었다. 맞다. 아무리 큰 세파가 가슴을 멍들게 해도 굽힐 수 없는 자존심이 있으면 작품을 만들 수 있다.

몇 년 전 전경련 IMI 독서클럽에서 독서 테마 여행으로 전라도 강진을 다녀 온 적 있다. 다산 선생의 유배지였던 그 곳에서 우리들은 가을바람을 맞으며 아무 말 없이 걸었다.

경영자는 늘 고독하다. 홀로 중대한 결단을 내려야 할 때가 한 두 번이 아니다. 하지만 본인들보다 훨씬 더 절절했을 다산의 고독에 아무도 입을 열 수가 없었던 것이다. 우리는 그가 홀로 걸었던 그 사색의 거리에 있었다.

위대한 침묵 속에 새소리, 바람소리, 낙엽 뒹구는 소리, 자연의 소리가 내 마음 언저리에 내렸다. 그 에너지는 싱그럽고 맑아서 잠자는 영혼을 깨웠다.

그렇다.

위대한 자연 앞에서는 침묵할 수 있어야 한다. 인간의 얄팍한 지식을 논하지 말라. 그래야 자연이 들려주는 귀한 소리를 들을 수 있다고 법정 스님께서 말씀하셨다. 자연의 소리에서 다산은 진정한 리더의 모습을 그려 보았고, 백성이 행복하게 살 수 있는 법을 연구하고 또 연구했다.

위대한 역사 속의 인물 베토벤, 레오나르도 다빈치, 나폴레옹 등은 모두 사색의 시간을 즐겼다. 홀로 걸으며 외롭게 보낸 고독한 시간에 시대를 바꾸는 거대한 작품이 잉태되는 것이다.

다산이 유배지에서 쓴 《원목原牧》은 이를 잘 대변한다.

> 목민관이 백성을 위해서 있는 것인가, 백성이 목민관을 위해 생긴 것인가?
> 목민관이 백성을 위하여 있는 것이라.

이 글은 끝없는 사색을 통해 얻게 된 깨달음이라고 할 수 있다.
《탕론湯論》에는 다음과 같은 대목이 있다.

> 탕왕(湯王)이 걸(桀)을 추방한 것이 옳은 일인가?, 신하가 임금을 친 것이 옳은 일인가?
> 천자는 여러 사람이 추대해서 만들어진 것이다.
> 옛날에는 아랫사람이 윗사람을 추대했으니 아랫사람이 윗사람을 추대하는 것이 순(順)이라.

다산은 목민심서 서문에서 군자의 학문은 수신(修身)이 그 절반이요, 나머지 절반은 목민(牧民, 백성 다스리는 것)이라 했다.

일종의 형법서인 《흠흠신서欽欽新書》를 지은 것도 법의 집행에서 억울한 백성이 나오지 않도록 하기 위함이라고 서문에서 밝히고 있다.

이런 철학 아래 다산의 공부 방법은 특별했다.

첫째. 큰 소리로 읽었다.

둘째, 베껴 쓰기를 했다.

셋째, 반복해서 외웠다.

다산 정약용은 자신의 세 아들에게도 주관을 갖고 독서하기를 권했다. 이런 취지에서 초서(抄書)라는 방법을 추천했다. 초서란 책을 읽으면서 자신의 주견에 따라 필요한 부분을 발췌해서 옮기는 것을 말한다. 나도 한 권의 책을 읽고 나면 꼭 독서향기라는 주제로 글을 쓴다. 초서라는 방법은 이보다 더 적극적인 기록법인데 책을 익히고 실천하는 데 무척 유용했을 것이다.

다산의 기록정신은 놀랍다. 책을 읽으며 평생 실천한 것이 초서였고, 그래서 500권에 이르는 방대한 저술을 할 수 있었다. 초서 파일은 글을 쓸 때 유용하게 활용되었다. 나에게는 온라인에 남기는 독서향기가 초서이며 보물이자 글쓰기의 원천이며 창작의 샘이다.

읽는 중독, 쓰는 중독, 느끼는 중독

중독, 좋은 것일까, 나쁜 것일까?

중독에는 좋은 것이 있고 나쁜 것도 있다. 책 읽기, 글쓰기, 운동하기, 생각하기, 탐구하기, 느끼기, 칭찬하기 등은 좋은 중독이며, 알콜 중독, 카페인 중독, 늦잠 중독, 불만 중독, 험담하기 중독, 니코틴 중독 등은 좋지 않은 영역에 속한다. 어찌됐건 우리는 저마다 중독증에 걸려 산다. 무엇이 우리를 중독증에 걸리게 하는 것일까? 마음의 문제다. 마음이 시키는 대로 행동하게 되고, 반복된 행동이 습관을 만든다. 습관이 굳어지면 중독이 된다.

하루를 설계해보면 새벽, 아침, 오전, 오후, 저녁, 밤의 사이클로 이어진다. 수년간 나는 이른 새벽마다 글쓰기를 한다. 글쓰기 습관을 만들어 준 시간이다. 일어나자마자 컴퓨터 자판을 두드리는 것이 하루의 첫 시작이다. 짧게는 10분, 길게는 1시간, 이 시간에 새벽 단상을 쓰기도 하고, 독서 향기를 쓰기도 한다. 이런 습관은 나에게 작가라는 직업을 만들어 주었다.

아직은 무명이고, 베스트셀러 한 권 쓰지 못한 새내기 작가지만, 좋은 작가가 될 수 있는 꿈을 키워준 시간이다. 글을 쓰는 것은 힘들고 고독한 시간이지만 이제는 쓰지 않으면 허전해진다.

글쓰기가 끝나면 바로 아침 산행으로 돌입한다. 뒷산을 오르며 자연의 소리를 들으며, 온전히 자연 속으로 빠져든다. 자연 속에 천천히 한걸음 한걸음 걸을 때 비로소 내가 놓치고 있는 것들을 찾아낸다. 바쁘고 정신없이 살아온 일상에서 참으로 소중한 것을 많이 놓치고 지나간다. 정작 소중한 것을 놓치는 실수를 하는 내 모습이 보인다. 고요한 산길에서 발견한 진정한 나의 모습에서 부족함이 많다는 것을 발견하게 된다. 실수를 줄여가는 것이 인생이다. 내가 감지하지 못하는 것들을 고요한 자연은 소리 없이 가르쳐준다. 그래서 자연은 언제나 훌륭한 스승이다.

참으로 행복한 시간이다. 아침 운동을 하지 않으면 아침밥을 먹지 않을 정도로 나는 운동에 생활의 중심을 두었다. 이런 습관은 순전히 어릴 적 아버지의 가정 교육 덕분이다. 농부였던 아버지는 늘 새벽에 일어나셔서 들판에 일을 나가셨다. 일을 두 시간 가량 하고 집에 오셔서 아침을 드셨다. 아버지께서 일을 나가시면서 꼭 우리 자식들을 깨우고 나가셨다. 소를 많이 키웠는데, 아버지의 소사랑은 끔찍했다. 자식인 우리보다 어쩌면 소를 더 사랑하는 것 같았다. 소에게 여물(아침밥)을 먹이지 않으면 우리도 아침밥을 먹지 못하게 했다. 항상 소의 아침밥을 챙겨 줘야하는 의무감이 있었다. 너무나 더 자고 싶고, 꿀 같은 새벽잠에서 깨어나기가 너무 싫었지만 어느새 습관이 되니, 어느 날부터 아버지 기침 소리만 들어도 벌떡 일어나게 되었다.

사회생활을 하면서는 새벽에 일어나 소의 아침밥을 챙겨줄 일이 없으니, 그 시간에 모닝페이지 글쓰기와 아침 운동을 할 수 있는 여유가 생겼다. 아침을 먹기 전에 한 시간 운동하는 습관이 만들어진 것이다. 수년을 반복해서 아침 운동을 했더니 이제는 운동을 하지 않으면 아침밥을 먹지 않을 만큼 운동 중독에 빠졌다. 이 운동 중독은 나에게 건강한 육체와 맑은 정신을 선물한다.

이렇게 운동을 마치면, 아침 식사 후에 반신욕 독서를 한다. 목욕과 독서를 한번에 할 수 있는 최고의 하모니다. 시간 절약에는 최고다.

따뜻한 온탕에 가만히 앉아 있기는 참으로 쉽지 않다. 그러나 책을 읽으면 시간이 금방 간다. 수다를 떨어도 금방 시간이 흘러간다. 참 이상하다. 난 수다를 떨고 나면 왠지 머리가 좀 띵하다. 수다가 나에게 맞지 않는 것 같다. 책을 보면 마음이 편안하고, 행복해진다. 그런 맛에 자꾸만 반신욕 독서를 하게 된다.

마음이 편안하고, 행복하면 자유로운 영혼이 된다. 자유로운 영혼은 번쩍이는 아이디어를 불러온다. 반신욕 독서를 할 때 반드시 볼펜을 준비한다. 편안하게 이완되면 생각의 날개가 동서남북을 왔다 갔다 한다. 동서고금을 왔다 갔다 하며 지구촌을 한 바퀴 돈다. 그런 과정에서 자기성찰이 이루어지고 삶의 통찰이 이루어진다. 가슴에 느낌표를 찍어주는 소리, 그 소리를 놓치지 말아야 한다. 이제는 이런 행동이 중독이 되었고, 특히 반신욕 숭녹은 내 삶의 정화수다.

나의 쓰기 스승인 다산 선생은 아주 어렸을 때부터 쓰기 중독이라고 알려진다.

그는 울적할 때나 슬플 때나 그 마음을 글로 써 내려갔다. 글에 마음의 슬픔을 담았고, 호기심도 실었다. 놀라움이 있을 때도 지체하지 않고 글로 표현했다. 어린 시절 그의 삶은 외로움의 연속이었다. 외로울 때마다 시를 썼던 다산은 감성 소년이었다.

어느 날, 강가에서 어울려 모래 장난을 하던 정약용은 문득 고향집 남쪽을 바라보다가 놀라운 발견을 한다. 고향집은 보이지 않고 겹겹이 둘러싸인 산만 보였던 것이다. 급히 집으로 달려가 사랑방 문을 벌컥 열어젖혔다.

"버르장머리 없이 이게 무슨 짓이냐?"

"너무 급해서요."

"뭐가 그리 급하더냐?"

"방금 강가에서 놀다가 문득 시구가 떠올랐습니다. 그걸 잊어버리기 전에 써야 하니 붓과 종이를 주세요."

작은 산이 큰 산을 가렸으니
멀고 가까움이 다르기 때문이라.

이제 겨우 일곱 살 나이에 즉석에서 마음에 스치는 생각을 시로 표현했던 것이다. 그는 열 살의 나이에 그동안 틈틈이 지은 글을 모아 《삼미집》이라는 책으로 엮었다. 얼마나 순수한 마음의 글쓰기인가? 놀랍다. 글쓰기 중독이 그를 어린 시인으로 만들어 준 것이다.

절망에서 피어난 축복

다산의 삶은 3단계로 나뉜다.

22세에서부터 40세까지는 정치를 했고, 40세부터 58세까지는 귀양생활을 했다. 58세부터 75세까지는 평범한 노년생활로 이어진다. 이렇게 그려 보면 참으로 파란만장하며 경이로운 삶이다.

젊은 시절 정조의 총애를 받으며 높은 벼슬까지 하던 다산은 전라도 해안지방으로 유배를 가게 된다. 강진에서의 긴 유배생활은 그에게 단순한 고통이 아니었다. 많은 것을 일깨우게 해주는 시간이었다.

그의 개인적인 삶만 보면 분명 절망이었다. 사랑하는 가족과 18년을 떨어져 지낸 세월을 무엇으로 보상할 수 있을까? 인생이 그리 길지 않은데, 실로 있을 수 없는 절망의 세월이다.

15세 한 살 연상인 풍산 홍씨와 결혼한 다산은 결혼 60주년이 되는 회혼일에 먼저 눈을 감고 홍 씨는 2년 후인 1838년에 남편을 따라 하늘나라로 갔다. 10대 중반 철없던 나이에 결혼을 해서 힘든 과거 공부와 벼슬살이로 인해 부부간의 애틋한 정을 얼마나 나누었을까? 여인의 삶이 처절하기만 하다. 한창 아이의 재롱을 보며 행복하게 살아야 하는 나이 사십에 남편을 귀양 떠나보내는 마음은 얼마나 아팠을까? 세 살짜리 막내아들을 품에 안고 눈물로 전송하는 그 마음을 어찌 다 헤아릴 수 있을까.

다산과 헤어진 홍 씨는 베 짜기와 바느질에 제대로 손을 댈 수 없었다. 등불 돋워 밤을 꼴딱 세우기 일쑤였다. 옷도 그대로 입은 채 닭이 울음을 그치고서야 벽에 기대 혼자서 신음했다. 옆의 어린 자식은 늙은 아비인 다산이 보고 싶어 보채다 곤히 잠들었을 것이다.

귀양살이가 끝나고 그가 고향으로 돌아갔을 때 부인 홍 씨는 머리가 하얗게 세었고, 노인이 되어 있었다.

꽃다운 나이에 시집을 와서 60년 동안 함께 지낸 세월은 곱고 고운 여인의 얼굴에 주름살만을 가득히 만든 무심한 세월이었다. 다산은 그 마음을 담아 회혼일에 맞춰 미리 시를 하나 짓는다.

**육십 평생 바람개비 세월이 눈앞을 스쳐 지나는데
무르익은 복숭아 봄빛이 마치 신혼 때 같아라.**

다산은 귀가 후 처절한 고독의 시간들을 온전히 글쓰기에 쏟았다. 다행히 글쓰기에 적합한 조용한 집이 있었다. 궁핍했던 유배기간 동안 거처도 없던 다산에게 초당을 마련해 준 이는 외가였던 해남 윤씨 집안이었다. 초당과 반나절 거리에 있는 해남 윤씨 종가 녹우당에는 도서관을 방불케 하는 장서들이 남아있어 이곳을 호남 실학자의 요람이라고 한다.

다산은 강진 유배생활 18년 동안 500권 이상의 저서를 써 냈다. 그저 베껴 쓰기만 해도 수십 년이 걸릴 경집(經集) 232권과 문집 260여 권을 강진 유배 18년간 모두 정리해냈다. 참고할 서적도 넉넉지 않고, 여건도 여의치 않은 척박한 환경에서 이뤄낸, 경이롭다 못해 경악할 만한 성과였다. 굳건한 바탕 공부의 힘이 위기를 만나 오히려 위력적으로 발휘된 것이다. 글의 종류는 다양했다. 18년간의 과거 벼슬 경험을 통해 고향에 두고 온 두 아들에 대해서 경계해야 하는 지침도 썼고, 벼슬할 때 지켜야 할 것들을 정리하기도 했다. 무엇보다 백성들의 삶을 어떤 방식으로 이끌어 나갈지를 생각하고, 백성들에게 이익이 가게 하는 연구를 꾸준히 해왔다. 때문에 그의 강진 유배기는 개인의 삶에서는 절망의 시대였지만 조선학술계에는 알찬 수확을 남긴 축복의 세월로 평가된다. 절망의 시간을 축복의 시간으로 바꾼 것이다.

그의 저작 중에 백미는 《목민심서》다. 책 이름을 직역하면 목민(牧民)은 '백성을 다스리다', 심서(心書)는 '마음으로 올리는 글'이란 뜻이다. 즉, 백성을 다스리는 데 있어 차마 입 밖으로 내지 못하는 말을 적은 책이다.

《목민심서》는 무엇보다 애민(愛民)을 강조했다. 그가 말하는 표를 의식해 버릇처럼 말하는 '사랑하는 국민 여러분'이란 상투적인 어구와 차원이 다르다. 글자를 몰라 법을 활용할 수 없는 평민들의 마음을 헤아리려는 진심이 담겨 있다. 그 결과 책에는 요즘으로 말하면 독거노인과 고아, 병든 자와 이재민 등을 포함한 사회적 약자에 대한 진지한 보호책이 담겼다. 이렇게 보면 다산은 200여 년 전에 이미 사회적 복지제도를 주창했던 셈이다.

다산은 실학을 집대성한 학자답게 정치·경제로부터 철학·의학·교육학·군사학·자연 과학에 이르기까지 거의 모든 학문 분야에 걸친 엄청난 양의 저술을 남겼다. 다산의 저술은 1922년에 문집에 넣기 위해 비교적 자세하게 기록한 자찬묘지명의 집중본(集中本)을 기준으로 할 때 육경사서의 연구서인 경학(經學)집 232권과 일표이서(一表二書)를 포함한 경세학서(經世學書) 138권에 시문집과 기타 저술을 포함한 문집 260권을 합해 총 630권이다.

정말로 경이롭고 경이롭다.

8장

시련 속에 피는 꽃, 글쓰기

"좋은 글을 쓰고 싶은가? 무엇보다 먼저 사람 되는 공부를 하게."

– 정민 교수의 《다산어록청상》에 나온 다산의 충고

선 자리를 사랑하라

어느 곳에 있을 때 가장 행복한가? 사람마다 다르겠지만 나는 '자연의 숲'에 있을 때 가장 행복하다. 5월 햇살 좋은 어느 날 서초동 우면산을 천천히 걸었다. 다산이 나무뿌리의 길을 걷는 것처럼 흙냄새를 맡으며, 연초록 나뭇잎에 조용히 내리는 햇살을 보면서 나도 모르게 나왔던 감탄사가 "이보다 더 좋을 수 없다" 이 한마디였다. 자연을 닮은 삶이 가장 위대하다. 성철 스님의 말씀 '산은 산이요 물은 물이로다'의 말에 담긴 뜻이 무엇일까? 해석은 다양하겠지만 나에게는 자연만큼 진실한 것이 없다는 메시지로 받아들여진다.

귀양지에서 다산의 삶은 참으로 가혹했다. 보통사람들이라면 자포자기해서 폐인이 되고도 남았을 것 같은 혹독한 귀양살이를 했음에도 불구하고 그는 끊임없이 공부에 매진했다. 죽을 때까지 섹시하게 하는 것이 '배움'이라고 했던가?

그가 배우고 가르치지 않았다면 운명이 달라졌을 것이다. 그가 그토록 배움의 끈을 놓지 않았던 중요한 이유가 있었다. 그것은 바로 자연 사랑이었다. 참으로 놀랍고 닮고 싶은 다산의 심성이 묻어난다. 가는 곳마다 정원을 꾸미고 꽃나무를 심었다. 어디를 가든 자신이 처한 공간을 정성껏 꾸몄다.

귀양살이의 처절함으로 억울한 분노가 가슴에 뜨겁게 타올라야 하는 상황임에도 불구하고, 그는 현실을 모두 받아들였다. 분노와 억울함 대신에 그가 선택한 것은 바로 득승양성법이었다. 아름다운 경관 속에 아름다운 성품을 기르는 것이다. 서울의 공기가 몹시 답답하여 고향 마재 앞 양수리의 푸른 물을 찾아간다. 고향 산천의 정기로 재충전하기 위해서이다. 자연의 행간에 깃든 의미를 음미하고 그 깊은 속내를 인간의 마음으로 다시 보았던 것이다. 가을의 단풍 구경을 하면서 아름다운 경치 속에서 아름다운 성품을 기르고, 자연과 마주해서 자연을 닮고자 했다. 이완이 있어야 다시 집중할 수 있다.

그는 일상생활 속에서 삶의 운치를 찾아 누렸다. 세상 일은 어떤 것도 그 의미를 누가 가져다주는 것이 아니라 내가 찾아내고 만드는 것이다. 아름다운 경치를 찾아 먼 곳으로 떠나지 말라. 먼 데를 기웃거리는 것이 아니라 가까운 곳에서 찾아 그것을 잘 가꾸는 것이다. 다산으로부터 내가 생활하는 일상의 공간에 마음을 쏟고 그곳에서 기쁨을 만끽하라는 교훈을 배운다. 생활 속에 운치를 깃들이는 일은 매우 중요하다.

가만히 생각해보면, 자연만큼 위대한 것이 또 있을까?
자연은 물과 햇살만으로 정직하다. 사실 나의 연구실에 창밖을 보면 탁

트인 우면산 정경을 볼 수 있다. 이에 너무 감사하다. 눈으로 아름다운 우면산의 사계절을 느끼고 사는 현실에 감사하고 또 감사하다. 봄이면 새싹을 여름이면 신록을, 가을이면 단풍을, 겨울이면 눈꽃송이를 볼 수 있음이 감사한 일이다.

게다가 연구실 창문 앞에는 어여쁜 화분들로 가득하니, 그 꽃들과 초록잎들을 보는 즐거움이 머리를 맑게 마사지한다. 계절에 맞게 봄에는 연산홍 꽃봉오리에 취하고 여름에는 아카시아 향에 취하고 가을에는 국화 향에 취하고 겨울에는 초록 화분들에 취한다. 행복이 결코 멀리 있는 것이 아니다. 행복을 찾아 멀리 헤매고 있지는 않는가. 내가 있는 자리가 꽃자리다. 깨끗이 청소하고 잘 가꾸면 그 자리가 꽃밭이다.

식물을 키우는 일은 자식을 키우는 것과 같다. 햇살과 물만 주면 잘 자라지만 그보다는 사랑과 정성이 있어야 한다. 때로는 음악을 들려주고, 사랑의 음성으로 속삭여주고, 함께 놀아줘야 한다. 왜일까? 나의 눈을 시원하게 해주고 나의 피로를 풀어주기 때문이다.

다산이 꿈꾸었던 것은 근면하고 소박한 삶이었다. 그는 바쁜 듯 바쁘지 않은 청량한 삶을 누리고자 하였다. 그 기나긴 유배생활 속에서 현재 처한 자신의 공간을 그렇게 꾸미며 삶 속에 맑은 청취를 흘려 넣었다.

마음 속에서 속된 기운을 걷어내라. 위대한 자연은 우리 마음을 청소해 준다. 청빈(淸貧)을 즐길 뿐 적빈(赤貧)을 자랑하지 마라. 작은 시련 앞에 주눅 들어 무작정 서울을 떠나지 마라. 경제를 생각하되, 운치를 잃어서는 안 된다.

좋은 모범을 찾아 내 목소리로 써라

 다산의 참스승은 누구일까? 어느 위대한 스승이 있었기에 다산을 키울 수 있었을까? 정조의 사랑을 듬뿍 받았기 때문일까?
 늘 의문이다. 왜냐하면 다산에게는 공식적인 스승이 없기 때문이다. 홀로 공부해서 대학자의 경지에 오른 다산은 생각할수록 대단한 인물이다.

 그런데 다산을 연구하다 보니, 역시 그의 참스승은 아버지 정재원(丁載遠)이었음을 알 수 있었다. 자식은 부모의 모습을 보고 자란다. 정재원은 병약했던 어린 다산에게 직접 글을 가르쳐주고 학문의 방향을 정해주었다. 그는 삶의 가치와 방향을 정확하게 일러준 가장 가까운 스승이었다.
 사도세자의 가슴 아픈 죽음을 보면서 정치는 하지 않겠다는 다산의 아버지 정재원. 그는 다산이 한창 글을 배우기 시작할 때 벼슬에서 물러나 집에서 본격적으로 다산을 가르쳤다. 이를 보면 다산의 학문에 아버지의 감성이 그대로 녹아있다는 점이 이해가 된다.

"다산의 덕기(德器)가 관홍하고 경전에 정미(精微)하였음은 모두 아버지의 덕택이었다"라는 《다산연보茶山年譜》의 표현은 그의 지식과 학문이 아버지에게서 나왔음을 암시한다. 아버지의 가르침 외에도 다산이 위대한 경세가가 될 수 있도록 영향을 미친 인물이 한 명 더 있다. 바로 성호 이익(李瀷) 선생이다.

실학자로 잘 알려진 이익은 현재의 감사원장에 해당하는 대사헌 이하진(李夏鎭)의 아들로 태어났다. 아버지와 달리 출셋길은 순탄치 못하여 숙종 31년인 1705년에 증광문과를 보았으나 낙방했다. 그 이듬해에는 이복형인 이잠(李潛)이 당쟁에 희생되었다. 열여덟 차례나 형신을 당한 후 47세에 옥사한 것이다. 어렸을 때부터 존경했던 형이었기에 이익은 엄청난 충격에 빠졌다. 결국 벼슬을 단념한 그는 시골에 머물면서 평생을 학문에 전념하기로 마음을 먹었다. 그는 조선후기 실학파의 시조인 반계 유형원(柳馨遠)의 학풍을 계승해 실학파의 기반을 굳혔다. 이익은 유형원과 마찬가지로 모든 학문은 실생활에 유용해야 한다고 주장했다. 이와 같은 그들의 사상은 다산에게로 이어져 경세치용(經世致用)의 철학으로 완성되었다.

성호 이익과 다산 정약용은 서로 만난 적이 없다. 다산이 태어난 다음해에 이익이 세상을 떠났기 때문이다. 그럼에도 불구하고 다산은 이익을 스승과 마찬가지로 생각했다. 본인 스스로도 후세의 많은 학자들의 본보기가 된 것처럼 말이다.

다산은 기나긴 유배생활 중 많은 젊은이들과 사제의 인연을 맺었다. 특히 황상(黃裳)이라는 제자는 특별했다.

황상은 어느 날 스승에게 "저는 첫째로 머리가 둔하고, 둘째로 앞뒤가 막혀 답답하며, 셋째로 이해력이 부족합니다"라고 호소한다. 이에 정약용은 제자에게 삼근계(三勤戒)의 가르침을 준다.

"배우는 사람은 보통 세 가지 큰 문제가 있다. 첫째, 빨리 외우면 재주만 믿고 공부를 소홀히 한다. 둘째, 글재주가 좋으면 속도는 빠르지만 글이 부실해진다. 셋째, 이해가 빠르면 깨우친 것을 대충 넘기고 곱씹지 않으니 깊이가 없다. (중략) 뚫으려면 어째야 하는가? 부지런해야 한다. 틔우려면 어떻게 하는가? 부지런해야 한다. 연마하는 것은 어떻게 해야 하나? 부지런해야 한다."

황상은 스승이 적어준 '삼근계'를 종이가 너덜너덜해질 때까지 보고 또 보면서 평생 실천했다고 전해진다.

닮고 싶은 사람이 있는가? 다산에게는 아버지의 삶이 그랬고, 책 속의 수많은 훌륭한 인물들을 닮고 싶어 했다. 홀로 개척하는 길은 험난하고 고독하다. 먼저 걸어간 발자국이 있을 때 그것이 힌트가 되고 새로운 창조의 길을 열어준다.

백범 선생의 시가 생각난다.

눈 밭 속을 가더라도
함부로 걷지 마오.
오늘 내 발자국이
뒷사람의 길이 될지니

나에게 글쓰기의 스승은 누구일까? 미국의 베스트셀러 작가 스티븐 킹의 《유혹하는 글쓰기》란 책을 떠올리지 않을 수 없다. 평소에 연장통을 들고 다닐 팔뚝 힘을 기르라는 메시지와 뜨겁게 달구어졌을 때 마구 써 내려가라는 그의 가르침이 크게 도움이 되었다. 그의 글쓰기 핵심은 딱 하나, 좋은 글을 쓰려면 어떻게 해야 할까? 그 질문에 답도 역시 딱 하나다. 바로 '많이 읽고 많이 쓰는 것'이다.

그의 글쓰기는 "어떤 이야기를 쓸 때는 자신에게 그 이야기를 들려준다고 생각하라"는 것. 말의 리듬을 가지라는 의미다. "아이디어가 중요한 것이 아니라, 그것이 좋은 아이디어라는 사실을 알아차리는 것이다."라고도 말한다. 많이 읽고 쓰고 생각해야 가능한 일이다.

영국의 소설가 조앤 롤링은 또 어떤가? 내가 아주 존경하고 닮고 싶은 작가다. 영어교사를 한 것도 나와 닮았다. 이혼 후 아이 우유 값이 없어 처절한 삶을 살았던 그녀는 해리 포터 시리즈로 자신만의 거대한 왕국을 만들었다. 그녀의 꿈은 차가운 현실의 벽을 넘어 상상의 세상 속에 있는 소년 마법사 해리 포터를 통해 나타났다.

왜 하필 내 인생은 이렇게 꼬였을까? 왜 내겐 운조차도 따라주지 않는 걸까? 이렇게 한탄하고 있다면 작가 조앤 롤링의 사연을 살펴보자. 그녀의 인생은 참으로 기막히다. 직장을 잃고, 이혼하고, 빈털터리 싱글맘으로 우울증에 시달리던 조앤 롤링. 이렇듯 막다른 길에서 탄생한 마법사 이야기가 바로 전 세계 판매 부수 1위를 차지한 책 해리 포터 시리즈이다. 피폐한 싱글맘이 세계 최고 부호 작가로 등극하는 마법 같은 반전에 숨어있는 법칙 세 가지! 막다른 길에서는 무조건 딴 길로 가라. 표적을 향해 무섭게 몰입하라. 궁극의 마법, 상상의 연민을 가져라.

　태어나서 처음 쓴 소설 한 권으로 가난한 싱글맘은 세계 출판계의 기록을 깬 베스트셀러 작가가 되었다. 정부 생활 보조금 11만 원으로 살림을 꾸리던 그가 300조 원 이상을 번 부호가 되었다. 작가 조앤 롤링의 삶은 그가 쓴 판타지 소설보다 더 판타지 같다.
　돈도, '백'도, 운도 없었던 그에게 인생의 대반전이 일어날 수 있었던 것은 어떤 이유에서였을까?

　인간에게는 경험하지 않고도 이해할 수 있는 힘이 있다. 바로 타인의 고통을 껴안을 수 있는 연민의 상상력이다. 그야말로 인간이 가질 수 있는 궁극의 마법이자, 조앤 롤링표 판타지의 비밀이다.
　남자 나이 최고의 전성기 40세에서 58세까지 18년간 유배지에서 보낸 다산 정약용, 처절한 유배생활에서 뿝아내는 위대한 학술과 비단 같은 글들은 참으로 경이롭다.

　이탈리아에 레오나르도 다빈치가 있다면 우리나라에는 다산 정약용이 있다는 사실을 온 천하에 고하고 싶다. 레오나르도 다빈치는 이탈리아의 과학자로 조각, 건축, 토목, 수학, 과학, 음악 등 거의 모든 분야에서 재능을 나타내었는데, 다산 정약용 역시 거의 모든 분야에서 두각을 나타내었고, 약 500여 권의 저서를 남긴 저력은 경이로운 성과이다.
　스티븐 킹과 조앤 롤링, 그리고 다산 정약용, 이분들은 나의 글쓰기 스승이다. 스티븐 킹의 많이 읽고 많이 쓰라는 메시지와 조앤 롤링의 스토리의 힘, 다산의 방대한 집필력은 글쓰기의 참스승이다. 그분들의 모범답안이 있었기에 나는 오늘도 자판을 두드린다.

독자들에게 사랑받는 글은 자신의 독특한 스타일이 있다. 스티븐 킹은 스토리로 유혹하고, 조앤 롤링은 마법에 빠져들게 하고 다산은 방대한 필력으로 독자들의 마음을 흔들어 놓는다. 좋은 모범을 등에 업고 나만의 음성으로 속삭이자.

편지에 담긴 다산의 지극한 자식 사랑

가족이란 단어, 생각만 해도 눈물 난다. 왜일까? 함께 울고, 함께 웃고, 때론 서로 미워하고 원망하고, 실망하고, 분노하고, 그러나 알콩달콩 오순도순 살아가는 우리네 인생, 어느덧 한 세월이 흘러 노인이 되어가는 우리네 인생, 서로 얼굴 보며 살 수 있다는 것이 얼마나 감사한가를 떨어져 살아본 사람은 잘 안다.

다산은 40세에 귀향이 시작되어 18년을 유배지에서 보내면서 사랑하는 가족과 생이별했다.

그 마음이 얼마나 아팠을까! 아버지로서 제대로 지켜주지 못한 마음을 어찌 다 헤아릴 수 있을까? 함께하지 못한 안타까운 마음을 다산은 늘 편지로 보냈다.

공부와 실천의 중요함이 담긴 다산의 편지글을 직접 읽어 보자.

1. 귀양길에 오르며

학연, 학유에게

헤어질 때의 서운함을 어찌 말로 표현할 수 있겠느냐. 언제 어머니와 함께 시골로 내려갔는지 궁금하다. 아무쪼록 곧 돌아가 조용히 지내어라.

나는 길을 떠난 후 나날이 몸도 기운도 좋아져 간다. 그믐날에는 죽산(竹山)에서 자고 초하룻날에는 가흥(嘉興)에서 묵었다. 오늘은 아버님 묘소에 고별인사를 드리며 걷잡을 수 없이 눈물을 흘렸다. 귀양을 보내면서도 아버님 묘소에 들러 인사를 드릴 수 있도록 허락하신 임금님 은혜가 그저 감사할 뿐이구나.

떠날 때 보니 네 어머니 얼굴이 몹시 수척하더구나. 음식으로 원기를 보하도록 하고 약을 써 정성껏 치료해 드리어라.

2. 가신 이를 그리며

기다리다 편지를 받으니 더욱 반갑고 큰 위로가 되는구나.

무[武 1783~1849 : 정약용의 큰아들 학연(學淵)의 어릴 때 이름. 자(字)는 치수(稚修), 호(號)는 유산(酉山). 시문에 뛰어나고 의술에도 능했다]의 병세가 아직도 다 회복되지 않았는데, 어린 딸까지 병이 심해진다니 걱정이 크구나. 내 병은 그런대로 차도가 있는 듯하다. 무서움증과 몸을 반듯하게 세울 수 없는 증세는 그런대로 나아지고 있다. 다만 왼쪽 팔의 통증이 남아 있지만 그것도 조금씩 차도가 있는 것 같다.

이달에 들어서는 안팎으로 슬픔이 크구나. 가신 이에 대한 그리움에 견디기가 힘들구나. 밤낮 슬픔에 젖어 사는 내 신세가 왜 이러한지 모르겠다. 더 말하지 말기로 하자.

3. 친구를 사귈 때 가릴 일

천륜이 야박한 사람은 가까이 해서는 안 된다.
이들은 끝내는 은혜를 배반하고 의를 잊어먹고 아침에는 따뜻이 대하다가 저녁에는 차갑게 변하고 만다.
사람을 알아보려면 먼저 가정생활이 어떠한가를 살펴보면 된다.

4. 사람 구실 잘 하라는 충고

우리는 이른바, 조상이 큰 죄를 짓고 죽어 그 자손이 벼슬을 할 수 없다는 폐족(廢族)이다. 폐족이 글을 읽지 않고 몸을 바르게 행하지 않는다면 어찌 사람 구실을 하겠느냐.
폐족이라 벼슬은 못하나 성인(聖人)이야 되지 못하겠느냐?

학문의 본질과 폐족의 자제로서 학문에 진력해야 할 당위성, 공부하는 자세에 대해 자세하게 언급하였다. 그는 세상과 단절된 유배지의 참담한 현실 앞에서도 결코 자녀 교육의 끈을 놓지 않았다.

다산의 편지에는 자식을 사랑하는 아버지의 눈물이, 아내를 향한 그리움이 있다.

가족을 진심으로 사랑했던 아버지, 정약용. 그는 우리 모두의 영원한 아버지다.

감동이 있는 삶은 아름답다. 가족이 주는 따뜻함이 온몸으로 느껴지는 행사를 다녀왔다. 내가 존경하는 문재숙 교수의 회갑기념 음반출판기념회였다. 인간문화재이면서 이화여대 교수인 문재숙 교수는 음악 집안이다. 딸 둘은 가야금, 아들은 대금을 전공했다. 어머니의 회갑년과 음반출판을 기념하여 사랑하는 친척과 지인들을 초청해 작은 공연을 준비했다. 1부는 음반 '첫사랑' 행사로 이루어졌는데, 그동안 그분의 역사가 눈에 필름처럼 스쳐 지나갔다. 한편의 영화를 보는 것 같은 스토리 속에 나는 완전 매료되었다. 참으로 멋있었다. 남편의 특별한 외조는 더없이 멋져 보였다.

제자들이 마련한 자리였는데, 교수님을 얼마나 존경하는지 감동과 겸허의 분위기가 말해주었다. 아름다운 광경을 보면 내 마음도 황홀해진다. 나도 저렇게 살고 싶다는 강한 의지도 생겼다. 멋진 삶을 닮아가려는 노력도 하게 되었다.

2부 행사에서 어머니와 아들이 동시에 공연하는 모습은 이날의 하이라이트였다. 어머니는 장구를, 아들은 대금을, 잔잔하고 그윽한 노래에 내 마음은 어느새 맑은 계곡에 와 있는 것 같았다. 청중은 모두 축복과 부러움의 눈으로 무대를 향해 있었다. 고요해졌다. 음악이 흐르고, 이 순간 감동만이 흐를 뿐이다.

딸이 어머니를 축하해주기 위해 연주하는 가야금 음률은 하얀 나비처럼, 하늘하늘 끊어질 듯 말듯 들려오는 아련한 감성으로 가슴을 적신다.

연주하는 내내 얼굴에 행복이 넘실넘실 넘친다. 그 모습을 지켜보는 가족들은 얼마나 흐뭇했을까.

행사가 끝나고, 집으로 향하는 내 가슴에는 감동의 파동이 일렁인다. 문득 아들에게 편지를 쓰고 싶어졌다. 다산이 아들에게 편지를 쓴 것처럼.

사랑하는 아들아,
엄마는 오늘 잔잔한 감동을 안고 돌아왔다. 엄마의 지인이 음반출판기념 회갑행사를 하는데, 너무나 아름다웠단다. 특히 엄마와 아들이 같은 무대에서 동시에 공연하는 모습은 최고의 감동이었어.
엄마가 60세가 되면 너와 함께 축하무대를 갖고 싶구나. 엄마는 책으로, 너는 춤으로, 회갑기념 출판회를 갖고 싶다.

그날을 위해서 엄마는 영혼을 울리는 좋은 글을 열심히 쓰려고 해. 너도 영혼을 흔드는 춤으로 행복한 팝핀댄서가 되었으면 좋겠구나.

우리 그날을 위해서 오늘도 기쁘게 고고씽이다~^^

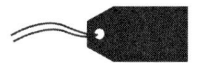

차가워지면 읽고, 뜨거워지면 써라

 한차례 비가 내리더니 세상이 깨끗해졌다. 어제 종일 내린 비는 세상의 먼지를 씻어 주었고, 내 마음의 먼지를 씻어 주었다. 구름이 걷힌 뒤의 햇살은 그냥 햇살이 아니다. 나뭇잎의 색상을 더욱 곱게 하고 푸른 산을 더욱 푸르게 한다. 이렇게 자연의 이치는 진실하다. 우리네 삶도 이렇게 진실했으면 좋겠다.

 깨끗한 마음에서 진실한 글이 나온다. 글쓰기 전에는 마음의 청소가 먼저 되어야 한다. 좋은 글을 쓰는 것은 자연의 이치를 많이 닮았다. 다산의 글쓰기는 자연을 벗 삼았고, 자연의 이치를 삶의 궤적에 그려 넣었다. 나아가 학문, 정치에도 자연의 진리가 흘렀다. 다산 어록을 쓴 정민 교수는 평생 다산연구로 학문의 세계를 넓혀가고 있다. 정민 교수가 본 다산식 글쓰기의 요체는 무엇일까?
 다산의 목소리를 통해 들어보자.

젊은이!

훌륭한 문장가가 되고 싶다고 했는가? 내가 그 비법을 알려주겠네. 술 먹어 얼굴이 붉어지는 것은 뱃속에 든 술기운이 얼굴에 올라온 것일세. 글도 마찬가지라네. 문자로 표현되는 것은 내 속에 품은 생각일 뿐, 문자 자체는 아닌 것이지. 자네가 좋은 글을 쓰고 싶은가? 무엇보다 먼저 사람 되는 공부를 하게. 수양을 통해 덕성을 쌓고, 학문으로 시비를 판단하는 역량을 기르게.

— 정민, 《다산어록청상》 중에서

역시 공부가 답이다. 좋은 문장가가 되는 길에는 수양을 통해 덕성을 쌓는 일, 나만의 무기, 내공을 쌓는 길이 우선임을 다산은 몸소 보여 주었다. 내공이 깊은 사람과의 대화는 무언가 끌림이 있다. 실타래를 풀어내듯 호기심을 자극하는 대화는 새로운 세상을 보는 것과 같다.

다산의 삶을 돌이켜보면 한 남자의 삶의 애환이 절절이 묻어난다. 읽고 또 읽어도 그의 삶은 진흙에서 피워 올린 한 떨기 연꽃이다.

좋은 옷을 지으려면, 좋은 옷감이 있어야 하듯, 좋은 글을 쓰려면 좋은 글감이 있어야 한다.

좋은 글감이 떠오르지 않는가? 무언가 잡히지 않고 희미해지는가? 머리가 차가워지고 마음이 차가워지는가? 이럴 땐 적신호가 온 것이다. 읽어야 할 때다. 가슴의 출렁이는 어휘들이 고갈된 상태다. 마음의 가뭄이 찾아오고, 가뭄에 타들어가는 마음 밭은 턱턱 갈라진다. 어찌 이런 가뭄의

밭에 좋은 씨앗을 심을 수 있을까? 우선 가뭄 해갈을 위한 단비가 내려야 한다. 가뭄을 해갈하는 최고의 무기는 바로 읽기다. 무엇이든지 읽자. 신문도, 잡지도, 책도 자연도 읽고 마음의 가뭄에 단비를 내리자.

읽는 것만으로도 단비를 내릴 수 있다. 읽으면 생각하고 생각하면 느끼게 되고, 느끼게 되면 뜨거워진다. 가슴이 뜨거워지는 데움이 필요하다. 가슴을 뜨겁게 달구어라. 뜨거울 때 진실된 글이 나온다. 머리가 차가워지면 읽고, 마음이 뜨거워질 때 글을 쓰자. 읽지 않는 자 쓰지 말지어다.

무엇을 읽고 무엇을 쓸 것인가? 인터넷 세상에 글쓰기는 참으로 쉽다. 다만 마음을 먹기 어렵다는 것이다. 세상만사 마음먹기에 달렸다고 하지 않는가? 자신만의 블로그나 파일에 읽은 것을 저장하고, 마음이 시키는 대로 적어보자. 신문에서 본 관심분야도 좋고, 영화를 본 감동도 좋다. 책과 신문읽기는 삶의 기초 체력이다. 내가 쓴 글이 모여 내 인생이 된다. 삶이 정리되고, 역사가 되고, 추억이 된다.

대기업에 주로 강의를 다니는 나는 현장에서 많이 배운다. 좋은 직장에 들어가 더 빨리 더 잘나가는 사람들의 공통점은 무엇일까? 바로 '더 정확히 읽고, 더 매혹적으로 쓰는 사람'이라는 것이다. 조직에서 존경받고, 조직의 구성원들과 활발한 소통을 하는 사람들은 대부분 많이 읽고 다양한 스토리로 대화를 한다. 비즈니스의 열쇠는 편안함이라고 했듯이 소통하는 도구는 편안한 대화다. '잘 읽는 사람'이 되려면 '쓰기'를 전제로 읽어야 하고, '잘 쓰는 사람'이 되려면 '읽기'를 전제로 써야 한다.

최근에 많이 읽고 많이 쓰는 사람의 대표적인 저술가는 김병완 작가다. 어떻게 책을 찍어내듯 그렇게 써대는 걸까? 놀랍다. 나이가 40대 중반을 달리는 젊은 작가인 그는 삼성전자 연구원 출신이다. "삼성전자가 애플을 이긴 비결을 한마디로 요약하면 뭐냐"는 기자의 질문에 "이건희"라고 대답했다.

"삼성전자의 성공 스토리는 수백, 수천 편의 드라마를 만들고도 남을 만큼 수많은 삼성인들의 혁신과 투지로 이루어졌음을 부인할 수 없습니다. 그러나 성공 요인을 중요도 순으로 좁혀 가면 가장 중요한 요인은 CEO로 귀착됩니다."

김병완 씨는 교보문고 인터넷 서점 분류에 따르면 '자기계발 작가'다. 그는 지난해 무려 열여덟 권의 책을 냈다. 경이로운 성과다. 다산을 닮아 가려는 의지가 역력히 보인다. 이 중《삼성비전 2020》,《이건희 27법칙》이란 두 권의 삼성 관련 책이 있다. 올해도《왜 결국 삼성전자인가》를 내고 삼성의 경쟁력을 분석했다. 그는 성균관대 제어계측공학과를 졸업하고 1997년 1월 삼성전자에 입사해 11년간 일했다. 2008년 12월 무선사업부 선임연구원(과장급)으로 퇴사할 때까지 휴대폰 개발 업무를 맡았다. 그는 1998년 삼성전자의 글로벌 대박 폰 중 하나인 SGH-600을 개발한 공로로 보너스 1000만 원을 받는 등 스타 연구원이었다. 그는 2008년 12월 인생을 달리 살아보기 위해, 사표를 내고 이듬해 1월 처가와 연고가 있는 부산에 내려왔다. 이후 3년간 도서관에서 9000권의 책을 읽었다고 했다. 엄청난 독서량과 삼성 근무 경험을 바탕으로 지난해부터 책을 쏟아내고 있다.

사람들을 만나서 이야기를 해 보면 외모에서 풍기는 이미지는 순간이고 점점 내면의 이목구비가 보이기 시작한다. 내공이 깊은 사람이 품어내는 이야기는 발효언어가 많다. 가슴 속 깊은 곳에서 숙성되고 발효되어 나오는 진실한 삶이 보이기 시작한다.

로마의 역사가 하루아침에 만들어지지 않았듯이 내공이야말로 하루아침에 만들어지지 않는다. 수많은 인고의 세월 속에 강풍을 이기고 천둥번개를 이겨 만들어진 거목처럼 내공은 수많은 절망과 아픔, 그리고 도약, 재도약이 이룬 동백꽃이다.

다산의 500여 권의 필력은 인고의 세월을 견딘 거목의 혈관에서 나오는 생명의 글이다. 생명의 글이 현대 우리네 삶에 등불이 되고, 그 불빛은 영원히 빛나는 역사의 등대가 될 것이다.

9장

외로움은 잘 쓰면 보약, 못 쓰면 독약

"살짝 취해 시름 잠시 잊었더니 밝은 가지 새롭게 눈에 비치네.
전해 듣기에 많은 백발들이 쓸쓸히 강가에 가 누웠다네."

– 다산이 꽃 아래에서 술을 마시며 쓴 편지글

아름다운 글은 아름다운 마음에서 나온다

눈이 부시게 아름다운 날, 하늘을 올려다보면 눈물이 난다. 지나온 삶이 고마워서, 살아있음이 기뻐서, 내게 할 일이 있어서, 사랑할 가족이 있어서, 아끼는 친구가 있어서, 존경하는 지인들이 있어서, 나는 감사의 마음에 눈시울이 뜨거워진다. 내 가슴에 꽃이 있으면 세상이 온통 꽃밭이 된다. 내 가슴에 별이 빛나면 세상은 온통 별빛으로 빛날 것이다.

글은 마음의 그릇이다. 그릇에 노란색이 담겼으면 노란 글이 나올 것이고, 초록색이 담겼으면 초록 글이 나온다. 내가 글을 쓸 때는 항상 목욕을 하고, 마음을 씻는 차를 마신다. 몸도 마음도 씻어내는 이유는 깨끗한 글을 쓰고 싶은 욕망 때문이다.

책상 위의 아끼는 책들에게 사랑의 키스를 하듯 마음을 전하며, 좋은 글을 쓰기 위해 존경하는 작가님들의 혼이 담긴 책을 조용히 다시 펼친다. 좋은 책을 만나면 그 작가에게 마음의 큰절을 올리듯, 글을 쓰기 전에는 미래의 나의 독자들에게 마음의 큰절을 올린다.

글이라는 것은 새김이고 이 새김은 없어지지 않는다. 말은 바람이 되어 허공으로 날아가지만 글은 흔적을 남기며, 기록이 되어 역사를 만든다. 내 삶의 역사는 내가 쓰는 글에 의해 이루어진다.

어린 시절에는 어떤 기록을 했으며, 청소년을 거쳐 어른이 된 나는 어떤 글을 썼을까?

솔직히 어린 시절의 글쓰기에는 억지 글이 많았다.

숙제 검사를 받기 위해서 쓴 일기가 그 대표작이다. 그때는 인터넷이 없었기에 컴퓨터에서 복사해 붙이는 것도 없었다. 순전히 손으로 써야 했다. 종이와 연필, 그것이 글쓰기 도구였던 시절에 비하면 요즘 컴퓨터와 인터넷 공간에서의 글쓰기는 하늘과 땅 차이다. 각종 정보와 자료를 인터넷에 손쉽게 구할 수 있다. 그럼에도 불구하고 글을 쓰는 사람은 많지 않다. 왜일까? 창작의 고통 때문인가?

사실, 글쓰기는 고독한 창작물이다. 아주 기쁘고, 아주 슬프고, 아주 놀라운 일이 있을 때보다, 아주 괴로울 때 좋은 글이 비로소 써진다. 그 깊은 괴로움을 글로 쏟아내지 않으면 미쳐버릴 것 같은 때가 있다. 연애시절 사랑에 아파 울 때 아픔을 글로 토해냈고, 이별의 상처를 글로 토해냈다. 삶의 애환이 있을 때 글을 쓰자.

다산은 그랬다. 외로울 때마다 글을 썼고, 시를 썼다. 그 글은 외로운 다산의 가슴을 어머니 품처럼 포근히 안아 주었다. 글을 쓴다는 것은 치유의 효과가 있다.

외로움은 잘 쓰면 보약, 못 쓰면 독약

다산, 그는 고독이었다. 외로움을 빼고는 그를 이야기할 수 없다. 외로움의 대명사인 다산은 지독히도 외로웠다. 아니 절절했다. 인생 최고의 시절을 최고의 외로움 속에 보냈다. 누군가는 외로움으로 자살을 하고 누군가는 외로움으로 명품을 만든다. 무슨 차이일까? 아마도 마음의 문제일 것이다.

나 역시 외로워서 약봉지 들고 죽음을 생각했었다. 아니 외로움보다 더 견딜 수 없는 것은 처절함이다. 삶의 마지막 하나 남은 자존심이 더 무섭다. 그 마지막 자존심이 무너졌을 때 사람들은 절정의 순간을 만난다. 죽음이냐, 아니면 다시 태어나느냐, 삶의 전환점을 찍는 것이다. 우리는 삶의 전환점을 찍을 때 역사는 다시 시작되는 것이다.

다산의 글쓰기는 삶의 전환점이 되었다. 글을 쓰면 마음이 정화된다. 실제로 내 경우도 글이 아니었다면, 극한 선택을 했을 가능성이 있다.

다산은 외로움을 글로 달랬다. 외로울 때마다 적었다. 마음이 시키는 대로 적었고, 가슴이 시키는 대로 표현했다. 글로나마 표현하지 않았더라면 아마 다산도 역시 자살을 시도하지 않았을까. 미쳐버릴 것 같은 분노와 억울함이 가슴을 억누르고, 자존심을 산산조각 내 버리는 가혹한 현실은 다산이 견디기에는 너무나 엄청난 형벌이었다.

> 울어도 봉황새의 울음을 우지 마라.
> 우연히 한 번 울면 뭇새가 다 놀란다.
> 구슬발 호화론 집 앵무새 둘러앉아
> 생황 같은 혓바닥을 진종일 놀리거니
> 벼슬해도 간대부의 직책은 맡지 마라.
> 말해 봐도 소용없고 오활하다 탓만 한다.

위 시에서 '말해 봐도 소용없고'라는 글귀에서 약자의 외로움이 얼마나 서러운지 말해준다.

정약용이 사의재에서 지내던 때에는 혼자 책을 읽고 쓰면서 읍내 아전의 아이들이나 가끔 가르쳤을 뿐 터놓고 대화할 만한 상대가 없었다. 그는 글을 통해 막혔던 숨통을 틔울 수 있었고, 시를 쓰는 가운데 학문적 자극을 받고 외로움을 달랠 수 있었다.

그의 시(詩)는 나라를 걱정하는 글이 대부분이다. 백성을 향한 지극정성의 마음을 시로 달랬다. 글에서는 "임금(오늘날은 민중으로 해석함)을 사랑하고 나라를 근심하는 내용이 아니면 그것은 시가 될 수 없으며 아름다운 것을 아름답다 하고 미운 것을 밉다 하며 선을 권장하고 악을 징계하는 뜻이 담기지 않은 시는 시라고 할 수 없다"라고 하였다.

> 국화 아래서 혼자 술잔 들며
> 머나먼 곳 사람 생각하네.
> 궁벽한 땅 누구와 함께 있을까
> 해 저물어 국화 너를 가까이 하리
> 살짝 취해 시름 잠시 잊었더니
> 밝은 가지 새롭게 눈에 비치네.
> 전해 듣기에 많은 백발들이
> 쓸쓸히 강가에 가 누웠다네.
>
> – '꽃 아래서 혼자 술을 마시며 정언으로 일하는 김상우를 생각하여 시를 써 부치다'(花下獨酌憶金正言 商雨 簡寄)

사람들은 외롭다고, 괴롭다고, 힘들다면서 종종 잘못된 선택을 한다. 보건복지부가 최근 펴낸 'OECD 헬스데이터 2012'를 보면 우리나라의 자살률은 2010년을 기준으로 인구 10만 명당 33.5명에 달했다. 하루 평균 42.6명에 이르는 이런 자살률은 OECD 회원국 평균치인 12.8명보다 2.6배나 높은 것으로 지난 2003년 '자살률 1위'라는 불명예스러운 자리에 오른 후 8년째 1위를 지키고 있다. 2012년 9월 10일로 세계보건기구(WHO)와 국제자살예방협회(IASP)가 제정한 '세계 자살 예방의 날' 10주년을 맞은 우리나라의 안타까운 자화상이다.

왜 자살하는가? 외로움 때문이다. 삶에 대한 충격, 쇼크, 따돌림, 왕따 등 마음이 불안정한 상태가 되면 자살을 생각한다. 사실 많은 의사들이 이유를 알기 위해 실험도 하고 자살 원인은 뇌 이상이라는 추측도 하고, 또 심리학적 연구도 많이 했다. 이 과정에서 자살과 관련된 기전이 나오기는 하지만 아직 이유가 명확히 알려지지는 않았다. 심리학 관련 책들의 공통점은 자살 이유가 우울증이라고 이야기한다. 자살하고 싶어 하는 사람들과 우울증에 걸린 사람의 심리가 일치하기 때문이다.

언론에서는 청소년들이 학교폭력이나 학업 스트레스로 인해서 자살하는 경우를 많이 보도하고 있고, 우리나라의 자살률이 세계 1위인 이유가 청소년들의 자살 때문이라고 생각하기 쉽다. 하지만 그것은 사실이 아니다.

세밀하게 살펴보자면 우리나라의 자살률이 급격하게 높아진 이유는 노인 인구가 많아졌고 그 노인 중 경제적으로 어려운 사람이 너무 많아서이다. 특히 극빈층에 속하는 노인들이 많이 자살했다. 생계가 어려운 와중에 홀로 살아가야 하는 독거노인을 정부에서 특별히 도와주면서, 동시에 자살 방지를 위한 프로그램을 하루빨리 시행해야 한다.

미래가 안 보이고, 행복이 안 보이니 외로울 수밖에 없다. 그렇다면 어떻게 치유할 것인가? 글을 적자. 무작정 쓰면 산다. 쓰는 동안 치유가 일어난다. 마음을 들어줄 누군가가 있으면 속을 털어놓아도 좋다. 하지만 혼자인 경우 그 마음을 그대로 쏟아내는 것이다. 가슴의 한 맺힘을 실타래처럼 풀어내는 것이다. 글은 내 마음을 어루만져 준다. 놀라운 치료 효과가 있다. 그 옛날 다산이 그랬듯이.

우리를 행복하게 하는 요소인 가족, 건강, 돈, 친구, 일이란 다섯 개의 기둥이 튼튼해야 한다. 하지만 삶이 그리 녹록한가. 돈 없이 오래 사는 것도 불행이요, 골골하면서 사는 것도 불행이다. 드러내지 않으려 해도 드러나는 것이 슬픔이다. 참아보려 해도 참아낼 수 없는 것이 아픈 마음이다. 그 마음을 안아주고, 헤아려 주는 것은 쓰기의 마법이다.

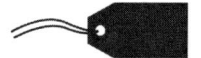

지독히 짝사랑하는 시인을 만나라

사랑을 하면 행복하다. 왜 그럴까? 사랑에는 놀라운 치료제가 있기 때문이다. 사막에 장미를 심고 꽃을 피운다. 사랑을 하면 사막에서도 희망의 장미꽃이 피어나고, 용서의 장미꽃이 피어나고 꿈의 장미꽃이 피어난다. 사랑을 받는 사람은 행복하다. 사랑은 주는 사람도 행복하다. 하지만 더 행복한 사람은 사랑을 하는 것이다. 사랑의 힘은 무서우리만큼 강력한 파워가 있기 때문이다. 점점 깊어지는 사랑, 점점 신뢰가 쌓이는 사랑, 꿈을 키워주는 사랑, 성장의 물을 주는 사랑, 우리 모두는 사랑 안에 하나다.

사랑을 주는 사람은 더 건강하고 더 오래, 더 행복한 삶을 산다. 일찍부터 사랑의 힘을 키워온 사람일수록 사회적 지위가 높고 행복한 노후를 보낼 확률이 높다는 연구 결과도 나왔다. 다른 사람을 도와주면 건강하고 장수한다. 70세 이상 노인을 대상으로 1992년부터 2002년까지 10년간 연구를 진행한 결과, 노년기에 좋은 친구가 있으면 수명을 22퍼센트나 더 늘

려준다는 결론이 나왔다.

사랑에는 놀라운 치료 효과가 있으며, 사랑의 나비 효과는 세상을 빛나게 할 수 있다.
사랑하기에 늦은 때는 없으며, 사랑이야말로 신세계에 이르는 길이다.
우주에서 가장 위대한 힘은 사랑이다. 살아간다는 것은 사랑을 하는 일이다. 이 순간 당신의 가슴에 사랑이 있는가? 없으면 만들면 된다. 사랑은 셀프니까.

지독히 짝사랑하는 한 시인이 있다. 칼릴 지브란. 그의 시를 읽고 있으면 나의 세포가 막 춤을 추는 것 같다. 내 마음을 어쩌면 그대로 표현해 줄 수 있을까? 고맙기도 하고 놀랍기도 하다. 내가 아끼는 시 한 편이다.

숨이 멎을 것 같은 전율
그 가슴 벅찬 깨달음
너무나 익숙한 느낌

그대를 처음 본 순간
나는 알아 버렸습니다.
그리고 나의 사랑은 시작되었습니다.

그날의 떨림은
지금까지도 내 가슴에

생생하게 남아 있습니다.

달라진 게 있다면 단지
천 배는 더 애틋해졌다는 것뿐입니다.
영원으로부터 영원까지
그대를 사랑합니다.

이 세상에 태어나기 전부터
그대를 만나기 훨씬 전부터
나는 그대를 사랑하고 있었나 봅니다.

그대를 처음 본 순간
나는 그것을 알아 버렸습니다.

운명
그대와 나의 사랑은 운명이기에
그 무엇도 우리를 갈라놓을 수 없습니다.

칼릴 지브란의 시를 읽고 있으면, 깊은 숲 속의 고요가 찾아든다. 헷갈리며, 소음과 분주함으로 둘러싸인 내 마음에 깊은 숲의 청정한 기운이 젖어든다. 깊은 산속 푸른 나무와 잎새에서 품어내는 비단 같은 부드러운 글이 영혼을 흔들어 놓는다.

현악기의 줄들이 같은 화음을 내면서도 혼자이듯이
함께 노래하고 춤추며 즐기되 서로는 혼자 있게 하라.

서로의 가슴을 주되 그 속에 묶어 두지는 말라.
오직 신의 손길만이 너희 가슴을 품을 수 있다.

함께 서 있되 너무 가까이 서 있지는 말라.
사원의 기둥들은 서로 떨어져 서 있고,
참나무와 삼나무도 서로의 그늘 속에서 자랄 수 없다.

인생은 한 줄의 시에서 시작되어, 한 줄의 시로 끝이 난다. 시의 구절구절에 삶의 애환이 있고, 꿈이 있다.

다산은 열 살에 자신이 틈틈이 지은 글을 《삼미집》이라는 책으로 엮었다. 열 살의 순수한 소년의 눈으로 본 세상은 얼마나 아름다울까. 더함도 뺌도 없는 자연 그대로 현상을 시로 엮어냈다. 어릴 적 앓은 천연두 때문에 오른쪽 눈썹이 셋으로 나눠졌기 때문에 붙여진 별명이 삼미자였다. 안타깝게도 《삼미집》은 현재 전해지지 않고 있다.

다산은 1801년 2월 말 유배를 떠났다. 한강 남쪽의 사평부터 시작해 문경을 지나 3월 초 장기에 도착한 약 열흘간의 여정이었다.

그가 유배 생활을 한 곳은 장기읍성 동문 밖에 있는 포교 성선봉(成善封)의 집이었다. 당시 다산의 시를 살펴보면 그의 집이 어땠는지를 가늠할 수 있다.

作고 작은 나의 일곱자 몸
사방 한 길 방에 누울 수 있네.
아침에 일어나다 머리를 찧지만
밤에 쓰러지면 무릎은 펼 수 있다네.

다산은 이렇게 열악한 곳에서 130수의 시를 남겼다. 대략 220일간 유배 돼 있었으니 이틀에 한 수 이상을 남긴 셈이다.

시냇가 사립문 밖에서 지팡이 끌고
고운 모래 밟으며 천천히 걷네.
육신은 병들어 허약해지고
옷자락은 바람결에 펄럭이네.
햇살은 하늘거리는 풀에 비치고
봄은 고요한 꽃에 깃들었네….

– 〈유림만보 楡林漫步〉 중에서

장기는 다산의 첫 유배지였다. 당시 다산의 개인적 충격과 비통함은 매우 심각했을 것이다. 이러한 비통함을 다산은 시로써 승화시키고 있는 것이다.

쑥을 캐네 쑥을 캐네.
쑥이 아니라 그저 약초라네

무리의 행진이 마치 양떼처럼
저 산등성이 넘어가네.

푸른 치마 혼자 몸 굽이니
붉은 머리 기우네!

쑥은 캐서 무엇 하나
눈물만 쏟아지네.
독에는 쌀 한 톨 없는데

들에는 움튼 싹조차 없네!
오직 쑥만 자랐으니
둥글고 넓적하게
말리고 또 말려서
담갔다가 소금에 절여
죽 쑤어 먹어야지
달리는 살 수 없네.

- 〈채호采蒿〉 중에서

이런 상황에 인간의 선택은 좌절밖에 없는 것인가.
다음은 인터넷 상에서 본 인상 깊은 시의 한 부분이다.

> 성공이란 안에서 거절당한 실패
> 아주 멀리 보일 때도 가까운지 모르니
> 그대가 포기하지 말아야 할 때는
> 가장 힘들 때라.

그렇다. 가장 힘들 때가 바로 포기하지 말아야 할 때다. 마지막 고개를 넘으면 비로소 넓은 바다를 만날 수 있다. 그 한 고개를 못 넘어 포기하는 사람들이 많다. 참으로 안타까운 일이다.

다산, 그 자신도 18년 유배지 생활에서 어찌 삶의 끈을 놓고 싶은 생각이 없었을까. 하지만 그는 사막의 모래바람을 홀로 맞으며 걷는 낙타처럼 고독이라는 친구를 사귀었고, 그 결과 경이로운 성과를 남겼다.

그가 수많은 저술을 쓸 수 있었던 배경에는 지독한 시 쓰기가 있었다. 스쳐 지나는 생각들을 현장에서 글로 표현하는 습관이 있었던 것이다. 16세가 되는 때 다산은 학문 형성에 큰 영향을 끼친 스승을 만난다. 실학의 선구자 성호 이익이다. 성호 이익은 그가 두 살 되는 해 세상을 떠났지만, 그의 글을 통해 전율을 느꼈고, 학문의 넓고 깊은 세계를 열어주었다. 칼릴 지브란의 시가 내 인생의 영혼을 흔들었듯이, 성호 이익은 다산의 영혼을 흔들었던 것이다.

사랑에 빠질 만큼 영혼을 흔들어놓은 시가 있는가? 정호승의 시집,《외로우니까 사람이다》에는 늘 내가 강의 마지막에 읊어 주는 애송시가 담겨 있다.

수선화에게

울지 마라
외로우니까 사람이다.

살아간다는 것은 외로움을 견디는 일이다.
공연히 오지 않는 전화를 기다리지 마라.

눈이 오면 눈길을 걸어가고
비가 오면 빗길을 걸어가라.

갈대숲에서 가슴 검은 도요새도 너를 보고 있다.
가끔은 하느님도 외로워서 눈물을 흘리신다.

새들이 나뭇가지에 앉아 있는 것도 외로움 때문이고
네가 물가에 앉아 있는 것도 외로움 때문이다.

산 그림자도 외로워서 하루에 한 번씩 마을로 내려온다.
종소리도 외로워서 울려 퍼진다.

오드리 햅번이 죽기 1년 전에 아들에게 읽어주었던 샘 레븐슨(Sam Levenson)의 시 역시 항상 뇌리에 맴도는 시 구절이다.

매력적인 입술을 갖고 싶다면 친절한 말을 하십시오.

사랑스런 눈을 갖고 싶다면 다른 사람의 좋은 점을 발견하세요.

날씬한 몸매를 원하거든 굶주린 사람들과 음식을 나누세요.

생각이 막힐 때마다 시집을 펼치자. 창가에 앉아 고요히 시인의 메아리를 들어보자.

지혜와 영감은 고요함에서 나온다. 시를 읽기 좋은 때는 없다. 언제 어느 때고 마음이 시키는 대로 읽자. 가능하면 한 달에 한편이라도 외워라. 마음의 텃밭에 신선한 채소가 자라날 것이다. 그 채소가 영혼의 마사지를 해 줄 것이다.

4부

내 브랜드를 키우는 최고의 도구, 책 쓰기

다산의 수백 권에 이르는 저작은 하루아침에 탄생한 게 아니다. 평소에 틈틈이 기록한 자료를 분류해 정리해 온 습관이 다작을 가능하게 만들었다.
새로운 글을 쓰기 위해 뼈대를 세웠으면 나름의 첨삭과 가공을 통해 내용을 다듬었다.
솔직하고 진실하게 쓰는 것은 다산의 집필 철학이었다.
글을 쓰면 누가 제일 먼저 독자가 될 것인가? 바로 나다. 내 글은 내가 제일 먼저 읽기 때문이다. 내 마음에 들어야 독자 마음에 들 수 있다. 그래야 나만의 브랜드도 키울 수 있다.

10장

다산처럼 글쓰기

"정보에 휘둘리지 말고, 정보를 장악해야 한다. 자료에 끌려다니지 말라."

– 정민 교수, 《다산선생 지식경영법》 중에서

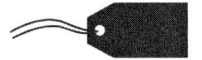

정보를 교통 정리하라

숲을 볼 것인가, 나무를 볼 것인가. 길게는 숲을 보고, 가까이는 나무를 보자. 다산은 전체를 그리고 뼈대를 세우면서 정보를 교통정리하는 특별한 노하우가 있었다.

어느 날 정조는 화성 신도시를 건립하기로 하고 수원·광주·용인 등 여덟 고을에 나무를 심도록 명했다. 1789년부터 이후 7년 동안 식목 보고 문서는 수레에 가득 싣고도 남을 정도로 쌓였다. 데이터의 양이 너무나 방대하고 복잡해 정리가 안 되는 상황이었다. 어느 고을이 무슨 나무를 심었는지, 모두 몇 그루나 되는지 등이 한눈에 파악이 되지 않았다.

답답했던 정조는 문서를 정리하는 작업을 다산에게 맡겼다. '소가 땀을 흘릴 정도로 많은 서류 더미를 한 권을 넘기지 말고 정리하라'는 명령을 내린다. 이에 다산은 가로로 열두 칸, 세로로 여덟 칸의 도표를 만들어 칸마다 수량을 적고 총수를 헤아렸다. 7년을 12차로 배열하고 여덟 고을을

8칸으로 구분한 것이다. 그랬더니 소나무와 상수리나무 등이 모두 1200만 9772그루였다. 산더미 같은 서류를 단 한 장의 도표로 정리한 것을 보고 정조는 입이 벌어졌다. 기대한 수준을 넘어 너무도 일목요연한 자료였기 때문이다.

다산의 숲을 보는 능력을 볼 수 있는 자료는 이뿐만이 아니다.

그는 아동의 한자학습을 위해 비슷한 한자끼리 묶어 《아학편(兒學編)》이라는 일종의 교과서를 지었다. 맑을 청(淸)자로 흐릴 탁(濁)자를 깨치고 가까울 근(近)으로 멀 원(遠)자를 터득하며 얕을 천(淺)으로 깊을 심(深)을 알게 한다는 식의 논리가 담겼다. 두 글자씩 짝을 지어 가르치면 하나를 배워 둘을 알 수 있다는 취지다. 방대한 한자 자료를 한 눈에 보는 능력이 없으면 정리하기 힘든 내용이다.

이런 능력은 갑자기 나오는 것이 아니다. 평소에 자료 축적이 잘 되어 있어야 한다.

다산 정약용(1762~1836) 탄생 250주년을 맞아 한국한문학회와 한국실학학회·실학박물관이 공동 개최하는 '다산 연구의 새로운 모색' 학술세미나에서 어느 고문헌연구가는 《목민심서》의 초기 형태로 추정되는 책, 선암총서(船菴叢書)를 소개하며 "그의 책들은 단순히 유배지에서 단기간에 기획하고 만든 게 아니다"라고 말했다. 특히 《목민심서》의 경우 다산이 지방관 시절부터 계획하고 준비한 저작으로 20년 이상의 많은 시간과 노력을 투자한 역작이란 설명이다.

이에 따라 목민심서에 대한 해석을 "단순한 지방행정의 실무교본이 아니라, 문사철(文史哲)이 융합된 다산 사상의 결정체로 봐야 한다"는 설명이다. 다시 말해 유배 이전에 본인이 기록한 것을 기록해 분석하고 재구성하는 단계를 거쳤다는 이야기다. 정보화 시대를 사는 우리도 꼭 익혀야 하는 부분이다.

현대식 기록·분석·재구성의 10단계는 이렇다. 정민 교수의 《다산선생 지식경영법》에 소개된 내용이다.

1. 단계별로 공부하라.

공부는 어떻게 시작할까? 생각은 어떻게 정리하고 간수하는가?
기초는 어찌 닦으며, 바탕은 어떻게 다지나?
공부도 일도 첫 단추를 올바로 끼우는 일이 무엇보다 중요하다.
바른 길을 찾아서 지름길로 만들어라. 정보를 종합하여 분석하고 정리하라.

2. 정보를 조직하라.

공부는 가닥을 잡는 데서 시작되고 끝난다. 하늘 아래 새것은 없다.
있는 것을 참작해서 새것을 만들어라. 틀을 만들고 골격을 세워라. 새 자료를 꼼꼼히 검토하고, 기존의 성과를 면밀히 점검하라. 다 보여주려 들지 말고 핵심을 찔러라.
자료를 널리 모아 갈래를 나눠라.

3. 메모하고 따져 보라.

지나가는 생각을 붙들어 내 것으로 만들어라. 그저 보지 말고 제대로 보고, 덩달아 보지 말고 나름대로 보아야 한다. 끊임없이 초록하고 틈만 나면 메모하는 습관을 들여라.

문제를 다각도로 점검해서 헤아림을 깊게 하라.
생각을 장악하지 못하면 할 수 있는 일이 없다.

4. 토론하고 논쟁하라.

문제에서 문제를 명확히 끌어내라. 무엇이 문제인지 모르면 문제를 해결할 수가 없다.

쟁점이 또렷해지도록 질문하고 논하고 지적하라.

이를 바탕으로 증거를 수집해야 한다. 분명한 논거를 마련해야 한다.

설득력은 거저 생기지 않는다. 덮어놓고 목청만 높여서는 상대를 납득시킬 수 없다.

5. 설득력을 강화하라.

논리의 힘은 설득력에서 나온다. 아무리 훌륭한 주장도 과정과 절차가 온당해야 힘이 생긴다.

이것과 저것을 비교하고, 비슷한 것끼리 갈래지으며, 단계별로 따져서 꼼꼼하게 분석하라.

선입견에 끌려다녀서도 안 된다. 편견에 사로잡히면 끝내 일을 그르치고 만다.

핵심을 찔러야 한다. 정곡을 뚫어야 한다.

6. 적용하고 실천하라.

탁상공론으로는 안 된다. 현장에서 쓸모없는 지식에 탐닉하지 마라.

공부를 위한 공부는 접어두어라. 실제에 적용되어 힘을 발휘할 수 있어야 한다.

실용에 바탕을 두어야 한다. 무엇 때문에 이 일을 하는지, 어디에 소용이 되는지를 끊임없이 묻고 대답하라.

7. 권위를 딛고 서라.

상대의 권위에 주눅 들어 그 그늘에 숨지 마라. 주체를 확립해 내 권위를 세우라.

그러자면 시비를 판별하는 냉철한 안목과 속셈을 두지 않는 공정한 시각을 갖춰야 한다.

8. 과정을 단축하라.

혼자 다할 수 있다는 생각을 버려라.

상생의 공부를 해야 한다. 역할을 분배하여 효율성을 극대화해야 한다. 목표를 정해 실천하고 조례를 확정하여 작업의 성격을 확인한다. 그리고는 매진하되, 동시다발적으로 여러 가지 작업을 병진시킬 수 있어야 한다. 시간 관리의 싸움에서 이길 수 있으려면 집체 작업에 길들여지지 않으면 안 된다.

9. 정취를 깃들여라.

학문과 인간이 따로 놀면 안 된다. 인간에 대한 따뜻한 애정 없이 큰 학문은 이뤄지지 않는다.

자연 앞에 서면 그 아름다움을 느낄 줄 알고, 평범한 일상 속에서도 삶을 예술로 승화시킬 줄 알아야 한다.

스쳐 지나는 한마디에도 깨달음을 담아라. 일거수일투족에 의미를 부여하라.

10. 핵심가치를 잊지 말라.

인간은 왜 사는가? 공부는 무엇 때문에 하나?

어떤 작업을 하든지, 무슨 공부를 하든지 붙들고 놓지 않는 기본 정신이 바로 핵심가치다.

그것은 삶의 이유이자 학문의 목적이다. 역경에도 꺾이지 않는 불굴의 의지, 백성을 사랑하는 뜨겁고 붉은 마음, 진실과 실용을 추구하는 정신, 오직 나만이 할 수 있는 일에 매달리는 몰두, 지금 여기를 중시하는 자주적 태도가 그것이다.

— 정민, 《다산선생 지식경영법》 중에서

덮어놓고 가지 말고 길을 알고 가라

처음에 책을 쓸 때 막연했다.

제목은 무엇으로 할지, 누구를 위해 쓸 것인지. 또, 어떤 가치를 전할 것인지 막막했다. 내가 쓴 글이 공해가 되지는 않을까, 걱정과 두려움이 앞섰다.

내가 좋은 책을 읽으면 하는 행동이 있다. 그 책의 저자에게 큰절을 하는 것이다. 미래의 나의 독자가 내가 쓴 책을 읽으면 마음의 큰절을 할 만큼 느낌표를 찍어 줄 수 있을까? 아니 마음의 맞장구라도 쳐 준다면 고마운 일이다. 좋은 글을 쓰기 위한 나의 몸부림은 계속되었다. 수많은 글쓰기 책을 닥치는 대로 읽었고, 베스트셀러 책은 거의 놓치지 않고 읽었다. 그대로 좋은 책은 스테디셀러였다. 고전을 통해 앞서 길을 개척한 저자들의 발자국을 따라 조심스럽게 글쓰기에 입문했다.

다산은 말한다. 글을 쓸 때 가닥을 잘 잡아야 한다. 적절한 예시와 알맞은 인용은 글의 설득력을 강화한다. 무작정 늘어놓아서는 갈피를 잡을 수 없다. 글 쓰는 사람이 흥분하면 독자들은 외면한다. 쓰는 사람이 말이 많으면 글에 힘이 빠진다. 조목을 갖춰 실례를 얹어야 글에 힘이 붙는다. 글을 쓰기 전에 먼저 핵심 개념을 잡아라. 덮어놓고 가지 말고 갈 길을 알고 가라.

― 정민, 《다산선생 지식경영법》 중에서

정민 교수의 글은 나에게 무척 힘을 주었다. 갈 길을 알고 가라는 메시지다. 내가 책을 쓰는 이유는 무엇인가? 사실 나는 그랬다. 세종과 다산을 공부하면서 두 사람에게 홀딱 반했다. 그들의 감성에 풍덩 빠졌다. 빠져서 그들의 삶의 메아리에 취하니, 참으로 경이로웠다. 존경을 넘어 사랑으로, 사랑을 넘어 경이로움으로, 그 경이로움은 나의 마음에 신념을 심어 주었다. 최소한 책을 읽을 때는 세종처럼 읽고, 글을 쓸 때는 다산처럼 쓰라는 것이다. 세종의 읽기 정신과 다산의 글쓰기 정신을 모르고서는 자판을 두드리지 말지어다.

그렇다면 세종은 어떻게 읽었고, 다산은 어떻게 썼는가? 큰 줄기를 10개씩 잡았다.

세종의 10가지 독서 습관

1. 조건 없이 읽었다.
2. 가슴으로 읽었다.
3. 반복해서 읽었다.

4. 서가독서제로 독서 휴가를 권했다.

5. 신하들과 함께 읽었다.

6. 토론하고 의견을 존중했다.

7. 온 세상이 다 책이었다.

8. 자연을 가장 위대한 스승으로 삼고 독서에 임했다.

9. 경전과 역사서를 읽었다.

10. 책을 통해 자신을 읽고 세상을 읽었다.

다산의 10가지 쓰기 습관

1. 외로울 때마다 글을 썼다.

2. 기록하고 분류했다.

3. 좋은 모범을 찾아 내 음성으로 썼다.

4. 뼈대를 세우고 교통정리를 했다.

5. 첨삭하고 가공했다.

6. 솔직하고 진실하게 썼다.

7. 연애편지를 쓰듯 달콤하게 썼다.

8. 자신만의 글쓰기 시스템이 있었다.

9. 순수한 자연의 소리를 글에 담았다.

10. 아름다운 글은 아름다운 마음에서 나온다는 신념으로 붓을 들었다.

이렇게 세종과 다산의 핵심 메시지를 잡고 나니, 갈 길이 보였다. 20개의 꼭짓점을 정하고 그에 맞는 사례와 내 생각을 정리했다. 혼자 알고 있기 아깝고, 누군가와 공유하면 더 풍요로워진다. 그래서 독서토론도 하는 것이다.

영화 〈누구를 위하여 종은 울리나〉를 보면 명대사가 나온다.

"어떤 이의 죽음도 나 자신의 소모려니 그건 나도 또한 일류의 일부이기에, 그러니 묻지 말지어다. 누구를 위하여 종을 울리느냐고, 종은 바로 그대를 위해 울리는 것이다."

그렇다. 글을 쓰면 누가 제일 먼저 독자가 될 것인가? 바로 나다. 내 글은 내가 제일 먼저 읽는다. 첫 번째 독자는 바로 나라는 것이다. 내가 쓴 글이 내 맘에 들어야 독자 마음에 들 수 있다. 멀리서 찾지 말고, 가까이서 찾아라. 내 자녀가 읽는다고 생각하면 쉽다. 내 가족, 내 친구, 나의 지인들이 읽는다고 생각하면 쉽다. 그들에게 속삭이듯, 세종의 읽기 정신과 다산의 쓰기 정신을 공유하는 것이다.

이 책을 읽고 나서 읽기와 쓰기의 마법의 힘이 무엇인지 가슴에 느낌표 정도만 찍어준다면 저자로서 감사할 뿐이다.

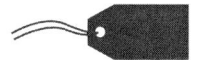

삶의 완성도를 높여주는 글쓰기 시스템

정리는 체계적으로, 작업은 능률적으로 하라. 시스템만 갖추어지면 동시다발적인 작업도 그리 어려운 것은 아니다. 끊임없이 초서하고, 쉬지 말고 정리하라. 작업의 목표를 수시로 점검하고, 계속해서 효율성을 제고하라. 정보에 휘둘리지 말고, 정보를 장악해야 한다. 자료에 끌려다니지 말고, 자료를 마음대로 주무를 수 있어야 한다.
— 정민, 《다산선생 지식경영법》 중에서

놀랍다. 그 시절에 나름대로 시스템을 갖추었다니, 다산이 단순히 고독을 달래기 위해서 글을 썼다면 그 방대한 자료를 정리해서 500여 권의 책을 쓸 수 있었을까? 그는 유배 이전부터 이미 나름의 글쓰기 시스템을 갖추고 있었다.

어떻게? 끊임없이 초서하고, 쉬지 않고 정리하는 방법이었다. 그 옛날 컴퓨터나 스마트폰이 있었던 것도 아닌데, 어떻게 그 많은 초서를 할 수 있었을까? 단연 성실함과 굳은 의지 덕분이었음을 알 수 있다.

글쓰기에 시스템이 있어야 한다는 사실을 배운 곳은 공병호 박사가 운영하는 공병호경영연구소장의 홈페이지에서다.

스물두 살에 학원을 경영했던 시절, 오빠에게 빌린 돈 800만원을 갚기 위해 학원 사업을 성공시켜야 했고, 실패할까 늘 두려웠다. 학생의 성적이 떨어지면 어떡하나 불안했고 경영을 제대로 못해 실패하면 어떡하나 하는 불안한 나날의 연속이었다.

불안하고 두려운 마음에 닥치는 대로 책을 읽었다. 어느 순간부터 읽고 감동받은 책은 간략한 내용과 함께 나만의 감상평을 적어 지인들에게 독서향기의 형태로 보냈다. 그 지인 중의 한사람이 바로 공병호 박사였다. 공 박사는 내가 쓴 독서향기를 읽고, 자신의 홈페이지에 연재하면 어떠냐는 뜻밖의 제안을 했다. 나로서는 감사한 일이었기에 열심히 글을 연재했다. 당시는 나의 글쓰기 훈련이 본격적으로 시작됐던 때다. 독서향기 연재를 통해 문장을 만드는 연습을 한 것이다.

공 박사의 홈페이지에 글을 올리니, 공병호연구소 홈페이지를 하루에 한 번씩 들어가게 되었다. 특히 그가 쓴 칼럼을 열심히 읽었다. 주옥같은 교훈이 나에게는 효과가 뛰어난 보약과도 같았다.

끊임없이 공부로 재창조되는 그의 지식 세계에 다산 정약용 선생의 혼까지 느껴졌다. 마치 공장에서 기계가 돌아가듯 그의 두뇌활동은 활발히 움직였다. 지식의 공장이 새로운 지식을 재창조하고 있었던 것이다.

그는 과연 어떻게 공부했을까? 알아보니 다산처럼 그만의 시스템을 갖추고 있었다.

> 공부는 '입력 프로세스 → 생산 프로세스 → 산출 프로세스'로 이루어진다. 공장이나 기업에서 상품이나 서비스를 만들어내는 것과 두뇌에서 능력과 가치를 만들어내는 일은 거의 유사한 과정을 밟게 된다. 입력 프로세스는 두뇌 속에 정보나 경험 등을 투입하는 다양한 활동을 말한다. 생산 프로세스는 투입된 정보를 처리하는 복잡한 생산 공정(혹은 과정)들로 이루어진다. 그리고 산출 프로세스는 필요한 지식을 두뇌로부터 꺼내서 최종결과물을 만들어내는 활동을 말한다.
> – 공병호, 《운명을 바꾸는 공병호의 공부법》 중에서

그 덕분에 나도 나름대로 글쓰기에 시스템을 갖추게 되었다. 무수한 강연 가운데 틈틈이 썼던 《다이애나 홍의 독서향기》란 책은 어느새 나에게 작가라는 새로운 삶을 만들어 주었다. 이후 나는 나아가 틈틈이 홀로 영화 감상평을 '영화향기'란 형식으로 썼다. 잊지 못할 감동의 영화를 보면 기억 속에서 지워지기 전에 그 여운을 글로 남겼다. 영화 스토리와 나의 감동 스토리를 녹여서 글로 표현한 것이다. 또한 성공일기를 적었다. 성공일기는 나 스스로에게 상을 주고 싶을 만큼 작은 성취를 이루었을 때 마음이 가는 대로 적었다. 더 잘하지 못해 아쉬움이 있을 때도 적었고, 스스로 생각해도 잘했다는 칭찬을 하고 싶을 때도 썼다. 내 삶에서 꼭 기억하고 싶은 스토리도 정리했다. 어느새 나의 역사는 글로 남겨지고 있었던 것이다.

몇 년 전에 쓴 내용을 지금 읽어보면 그때의 감동이 고스란히 몰려오고 추억도 다시 살아난다. 독서향기에는 수많은 카피라이트가 숨어 있고, 영화향기에는 보고 또 보고 싶은 명장면과 듣고 또 듣고 싶은 명대사가 빼곡하다. 성공일기에는 삶의 슬픔과 기쁨이 있고, 작은 꿈이 이루어져 꿈이 커져가고 있음을 느낄 수 있다.

그 가운데 요즘 꼭 지키고 싶은 철학이 있다. 다산의 사의재(四宜齋) 정신이다. 사의재는 원래 다산 선생이 전남 강진에 유배를 온 후 처음 기거했던 곳이다. 사의재란 '네 가지를 마땅히 해야 할 방'이라는 뜻으로 다산이 붙인 당호다. 여기서 네 가지는 곧 맑은 생각과 엄숙한 용모·과묵한 말씨·신중한 행동을 가리킨다. 그의 《사의재기 四宜齋記》라는 기록을 보면 이에 얽힌 철학을 엿볼 수 있다.

생각은 마땅히 맑아야 하니 맑지 못함이 있다면 곧바로 맑게 해야 한다.
용모는 마땅히 엄숙해야 하니 엄숙하지 못함이 있으면 곧바로 엄숙하게 해야 한다.
언어는 마땅히 과묵해야 하니 말이 많다면 그치도록 해야 한다.
행동은 마땅히 후중(厚重)하게 해야 하니 후중하지 못하면 곧바로 더디게 해야 한다.
이러하기 때문에 그 방의 이름을 '네 가지를 마땅하게 해야 할 방'이라고 하였다. 마땅함이라는 것은 의(義)에 맞도록 하는 것이니 의로 규제함이다. 나이만 들어가는 것이 염려되고 뜻 둔 사업은 퇴폐함을 서글프게 여기므로 자신을 성찰하려는 까닭에서 지은 이름이다.

11장

어깨에 힘을 빼면 아이디어가 샘솟는다

"글쓰기의 최상은 독창이 아니라 잘 '베끼는' 것이다."

- 남정욱 숭실대 문예창작과 교수, 다산의 글쓰기를 예찬하며

다산의 기록정신과 사색정신

전경련 IMI 독서클럽 멤버들과 함께 실학사상의 산실이라고 할 수 있는 다산 초당으로 독서 여행을 떠났다. 다산 초당은 정약용이 1818년 귀양에서 풀릴 때까지 10여 년간 생활하면서,《목민심서》등을 저술하며 실학을 집대성한 곳이다.

방문을 한 그날, 다산초당의 주위 배경은 맑은 하늘, 뭉게구름, 황금물결, 들국화 향기로 가득했다. 바람결에 하늘거리는 갈대들의 속삭임은 마치 고향집 어머니 품속 같았다.

맑고 고운 하늘 아래 푸른 숲이 터널처럼 긴 길을 따라 가니 다산 초당이 나왔다. 조낭에는 정약용의 초상이 고요히 세워져 있었다. 안경을 쓴, 온화한 선비의 모습이었다. 우리 일행은 햇볕이 조용히 깃드는 툇마루에 걸터앉았다. 마치 다산이 불쑥 나타나서 기업경영을 하는 CEO들에게 인생에 도움이 될 만한 일침을 놓아줄 것만 같았다.

다산은 이곳에서 글을 쓰느라 몇 날 밤을 지새웠을까? 글 쓰는 사람들이 글에 취하면 잠도 자지 않고 아침 해를 맞는 것이 흔하지 않는가. 그러다가 어쩔 수 없이 새 아침을 맞으면 끊어졌던 문맥을 다시 이어가는 방법은 무엇이었을까? 아하, 그랬겠다. 숲의 바람과 놀았을 것이고, 지나가는 구름에게 인사를 했을 것이고, 하늘 높은 줄 모르고 커가는 나무들과 담소를 나누었을 것이다. 자연을 사랑하고, 자연을 배우며, 지내온 그가 함께 할 수 있는 유일한 벗이었기에.

고요한 산속에는 바람소리, 새소리, 물소리가 다산의 영혼을 씻어 주었으리라.

나는 눈을 감고 250여 년 전 역사 속으로 조심스럽게 걸어갔다. 낮에는 햇살이 벗이 되어 주었고, 밤에는 어둠이 마음을 더 고독하게 했으리라. 깊은 산속 홀로 있는 초가에서의 귀양살이는 얼마나 막막하고 외로웠을까. 바람이 지나자 고요는 더 깊어진다.

신중하면서도 용기를 지녔던 다산, 중앙과 지방에서 두루 행정 경험을 쌓았기에 장차 명재상이 될 것이 예상되었던 그는 한창 인생을 꽃피워야 할 시절 먼 귀양길을 떠났다. 옛날엔 상상도 못했던 충격과 외로움은 평생 동안의 학우였던 윤영희(尹永僖)라는 친구에게 보낸 편지에 절절하게 드러난다.

7년 동안 유배지에 낙척하여 문을 닫아걸고 움츠리고 지내다보니 노비들조차 나와는 함께 서서 이야기도 하려하지 않더이다. 그래서 낮 동안 보이는 것이라고는 구름의 그림자나 하늘의 빛깔뿐이고, 밤새도록 들리는 것이라고는 벌레 울음소리와 바람에 불리어 나는 대나무 소리뿐입니다.

좋은 글쓰기는 융합, 진화 발전한다

서울대 AIP 독서클럽 회원인 조 박사와 대화를 나누었다.

잡스가 워즈워스의 시를 읽는 이유는 무엇일까? 조 박사는 융합에서 통찰력을 얻기 위해서라고 답했다. 인간과 자연의 아름다운 융합은 보는 이의 눈과 가슴을 설레게 한다. 그곳에 아름다운 미래 세상이 펼쳐지기 때문이다.

책을 쓰는 데도 융합의 정신이 필요하다.

좋은 글을 쓰기 위해서는 탁월한 아이디어가 있어야 한다. 이 특별한 아이디어가 바로 기존 것들의 융합에서 온다. 익숙한 것들이라도 새롭게 조합되면 신선한 아이디어가 탄생한다. 나의 경우 독서와 산책은 이런 융합의 매개체다. 사람마다 다르겠지만 새로운 아이디어는 한 번에 오는 경우도 있고, 오래 걸리기도 한다.

아이디어가 떠오르는 장소는 정해져 있지 않다.

운동을 하거나 대화를 하면서, 혹은 사우나 도중이나 음악을 듣다가도 나타난다. 일을 하다가, 또는 청소를 하다가 문득문득 스치는 생각이 엄청난 결과를 가져올 수도 있다. 뭐니 뭐니 해도, 책을 읽으면서 떠올랐던 아이디어가 일상에서 융합되면 파괴력이 대단하다. 단점이 보완 숙성되는 발효 과정을 거치면 아이디어의 완성도도 올라간다.

좋은 글에 꼭 새로운 생각만을 담을 필요는 없다.
남정욱 숭실대 교수는 말한다. "최상의 글쓰기는 잘 베끼는 것"이라고. 그가 조선일보에 기고한 글을 보면서 참으로 쉽지 않게 솔직한 글을 썼다고 생각했다.

다산은 유배생활 18년 동안 책을 500권 썼다. 일 년에 28권꼴인데 무협지도 아니고 이게 어떻게 가능할까. 다산의 책은 새로운 내용을 다루기보다 기존 책에서 정보를 뽑아 재배치한 것이 대부분이다. 읽다가 중요한 구절이 나오면 종이에 옮겨 적는 것을 초서(抄書)라고 하는데 다산은 읽는 틈틈이 이렇게 초서를 해 두었다가 관련 있는 것끼리 모아 재배치한 다음 멋진 제목을 달고 마지막으로 저자 정약용이라고 써 넣었다. 읽기와 동시에 창작이 이루어지는 다산식 다산(多産) 비법이다.
유배지에서 아들에게 보낸 편지를 보면 "왜 남의 저서에서 요점을 뽑아내어 책을 만드는 방법을 의심하느냐" 질책하는 대목까지 나온다. 남의 것을 베끼는 것에 탁월했던 사람의 방식을 베낀 것이니 나중에 만나도 뭐라고 하지는 않을 것 같다.
— 남정욱, 2013년 6월 1일자 〈조선일보〉 칼럼 중에서

현재 우리나라에서 공병호 박사야말로 짧은 시간에 다작(多作)을 한다는 면에서 다산과 비슷한 면이 많다. 그가 일찍이 다산의 집필 방식을 배운 것일까? 그는 가히 읽고 쓰고 초서하고 융합, 진화하는 글쓰기 공장이다. 어느 날 오후 라디오 방송에서 정겨운 목소리가 흘렀다. EBS 방송을 타고 흐르는 목소리는 공병호 박사와 그의 아들 공현수, 아버지와 아들의 대화에 대한 방송이었다. 부자간의 대화가 정겹다. 잘 키운 아버지, 잘 자란 아들이다. 이 땅의 모든 부모에게 자식이 잘되는 것이 가장 큰 꿈일 것이다. 더 바란다면 자식에게 존경까지 받으면 금상첨화다. 아버지로서의 삶을 절대적으로 존경한다는 아들 현수, 무엇이 그토록 절대 존경으로 답할 수 있었을까? 아버지의 삶이 아들에게 귀감이 되어서일까?

공 박사의 지식 세계는 지금도 공부를 통해 재창조되고 있다. 글쓰기 공장과 강의 공장, 콘텐츠 개발 공장, 제조업으로 말하자면 1공장 · 2공장 · 3공장까지 원활히 움직이는 상태다. 지식 공장도 이에 따라 꾸준히 업그레이드되고 있다.

모든 공정의 시작은 책 읽기와 공부다. 육체의 근력을 키우듯 공부의 근력을 키워보면 어떨까?

섹시한 글은 자기 색깔이 분명하다

가만히 생각해보면, 사람이나 책마다 풍기는 색깔이 있다. 노자의 《도덕경》은 푸른 숲을 닮았다. 자연의 이치에 벗어나지 않는 삶을 노래했다.

《논어》는 삶의 지침서로서 하늘을 닮았다. 《논어》는 나를 다스리는 기술과 아름다운 인간관계의 지혜를 전해준다.

공자는 말한다.

아는 것은 안다 하고 모르는 것은 모른다고 하는 것이 바로 아는 것이다.
(知之爲知之 不知爲不知 是知也)

가까이 있는 사람들을 기쁘게 하면 멀리 있는 사람들도 찾아온다.
(近者說 遠者來)

정치가들에게 있어서 기쁘게 할 사람들은 국민과 백성이다. 그렇기에 우리 조상들은 항상 백성이 원하는 바가 무엇인지를 고민했다.

백성은 첫째, 오래 살고 싶다. 둘째, 넉넉하게 살고 싶다. 셋째, 마음이 편하고 싶다. 마지막으로 몸이 편하고 싶다. 이 모든 걸 요약하면 행복과 안전이다. 논어에서 공자는 이렇게 말했다.

> 노인은 편안하게 하고, 벗에게는 미덥게 하고, 젊은이는 감싸주고 싶다.
> (老者安之 朋友信之 少者懷之)

《논어》와 《맹자》가 스승과 제자간의 언행을 기록했다면, 《노자》(다른 말로 도덕경)는 격언 같은 개인의 독백이다. 읽고 있으면 내 마음도 자연의 일부가 되는 느낌이다.

> 최고의 선은 물과 같다. 물은 만물을 이롭게 하면서도 서로 다투는 법이 없고, 뭇 사람들이 싫어하는 낮은 곳을 지향한다. 그러므로 물은 도에 가장 가깝다.
> - 《노자》 8장

> 현란한 색깔은 사람의 눈을 멀게 하고
> 현란한 소리는 사람의 귀를 멀게 하고,
> 현란한 맛은 사람의 몸을 해치나니,
> 그러므로 성인은 중용을 취할 뿐 결코 화려함을 취하지 않는다.
> - 《노자》 12장

내게 큰 고통이 있는 까닭은 내가 몸을 가지고 있기 때문이다.
내게 몸이 없다면 무슨 근심이 있겠는가.
- 《노자》 13장

사나운 바람은 아침을 넘기지 못하고,
소나기는 하루를 다하지 못하니,
누가 이렇게 만드는가?
천지다.
천지도 오래갈 수 없거늘, 하물며 사람에 있어서랴.
- 《노자》 23장

서양에도 개성 있는 저술가들이 많다.

메디치가에 헌정한 책 《군주론》을 쓴 마키아벨리는 약자들을 위한 삶의 몸부림을 표현했다. 살아남기 위해 15년간 유배생활을 하면서 처절한 고독이 만든 작품이 《군주론》이다.

마키아벨리는 철저한 약자였다. 그래서 살아남아야 한다는 생각에 온 신경을 집중했다. 그의 작품은 그가 경험하고 사색한 결과이다.

살아남기 위해 어떻게 해야 할까? 마키아벨리는 "고전으로 돌아가라"고 외친다. 고통에서 벗어나려는 몸부림을 고전에서 찾으라는 얘기다.

글을 머리로 쓰는 사람이 있고, 가슴으로 쓰는 사람이 있다. 어려운 상황에 대해 머리로 쓴 글은 머리를 아프게 하지만 가슴으로 쓴 글은 가슴을 파고든다.

나는 되도록 가슴으로 글을 쓰려고 한다.

다산과 세종에 대해 책을 집필하는 동안 사계절을 체험했고, 그때마다의 느낌은 이 책 곳곳에 흩어져 있다. 자연은 나에게 최고의 벗이며, 최고의 응원이다.

자연을 닮으려는 내 마음은 여유가 생길 때마다 창밖의 우면산을 바라보는 습관으로 나타났다. 계절에 따라 새로운 얼굴을 하는 우면산은 그래서 이 책의 든든한 지원자다.

봄에는 희망의 벚꽃이 힘이 되어 주었고, 여름에는 아카시아 향기가 가슴을 적셔 주었으며, 가을에는 맑은 하늘이 영혼을 맑게 했고, 겨울에는 눈꽃이 강인함으로 함께했다. 계절이 바뀌는 모습에서 자연의 경이로움은 더없이 크게 와 닿는다. 다산과 세종을 공부하는 내내 아름다운 자연을 가까이 할 수 있어 다산과 세종 공부가 내겐 최고의 힐링이었다.

12장

브랜드를 키우는 최고의 도구, 책 쓰기

"다산이 그토록 읽고 쓰기를 강조한 이유는 뭘까. 읽지 않으면 세상과 타인을 쉽게 원망하게 되기 때문이다. 글을 쓴다는 것은 곧 자기성찰이다."

- 나의 메모 중에서

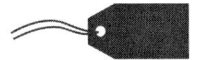

내가 쓴 책은 곧 나의 브랜드다

 행복은 어디서 오는 것일까? 가족이 주는 따뜻함, 남편, 아내, 자식, 친구, 지인, 그들은 나의 행복을 만들어주는 고마운 분들이다. 하지만 다 채워줄 수는 없다.
 그렇다면 어디서 행복을 더 찾을 것인가? 나는 자연에서 찾고, 책에서도 찾고, 운동으로도 찾는다. 제일 중요한 것은 일을 통해 느끼는 행복이다. 전작인《다섯 친구》에서 평생 함께할 동반자로 운동, 여행, 영화, 음악, 독서를 이야기한 바 있다.

 100세 시대, 축복일까? 재앙일까? 은퇴 후 40년을 더 살아야 한다. 노후가 아름다울 수 있으려면 안정적인 노후 준비가 되어야 한다. 내가 생각하는 최고의 노후 준비는 평생 현역이다. 내가 생각하는 최고의 행복도 역시 일을 통한 자기만족이다. 평생 현역으로 살 수 있는 최고의 도구는 자신의 책이다. 전문성이 담긴 자신의 책이 브랜드가 된다.

김연아, 안철수, 박지성, 조수미, 공병호. 이들의 공통점은 그들 이름 자체가 브랜드라는 점이다. 이 브랜드들은 고객, 아니 팬을 늘리면서 스스로 더 많은 기회를 만들어낸다. 모든 것의 씨앗은 원대한 꿈이다.

김연아 씨는《김연아의 7분 드라마》의 이름으로 자전적 에세이를 냈다. 꿈이라는 마법의 빨간 신발을 신은 후 헤아릴 수 없을 만큼 엉덩방아를 찧었고, 차가운 얼음판 위에서 수도 없이 눈물을 흘렸던 그녀. 숨 막히는 2분 50초, 돌이킬 수 없는 4분 10초, 7분을 위한 드라마. 웃고 있는 미소도 아팠고, 눈물도 아름다웠다. 아침에 눈뜨면 연습 나갈 준비를 하고 쉬었다 연습, 또 연습, 저녁 늦게 연습이 끝나면 하루가 끝나 버렸다. 화려한 무대 뒤에는 아픈 눈물이 있었다. 하루 여덟 시간 연습, 차디찬 얼음 바닥을 수만 번 뒹굴었던 그 고통의 시간 속에서 그녀를 일으켜 세운 것은 무엇일까? 바로 '꿈'이었다. 그녀에게 꿈을 심어준 책은《시크릿》이었다. 김연아는 그 꿈을 구하고 믿은 끝에 결국 그 꿈을 받았다. 역시 꿈이 있는 사람이 아름답다.

어떻게 책을 쓸 것인가?

책 쓰기 프로그램은 참으로 많다. 좋은 책을 많이 읽는 것이 가장 큰 힌트다. 읽어야 쓰니까. 나만의 재능과 나만의 스토리를 담은 책은 최고의 브랜드가 된다. 독자들은 싫증을 잘 느낀다. 그래서 특별한 것을 좋아한다. 빵 터져야 하고 쇼킹해야 한다.

짧게 써라, 읽힐 것이다.
명료하게 써라, 그러면 이해될 것이다.

그림같이 써라, 그러면 기억 속에 머물 것이다.
– 조지프 퓰리처

나를 작가로 만들어 준 최초의 작업은 초서였다. 다산이 500여 권의 책을 쓸 수 있었던 원동력도 초서였듯이 말이다. 나에게 초서란 책을 읽고 핵심을 다시 메모하는 것이다. 내가 온라인상에 쓰고 있는 독서향기도 일종의 초서이다. 몇 년 동안 꾸준히 초서를 한 결과 한 권의 책으로 완성되었고, 한 권이 두 권이 되고, 두 권이 세 권이 되었다. 이 책은 7번째 저서다. 독서향기는 나를 작가로 만들어준 최고의 자양분이다.

브랜드는 내가 제대로 잘 만들어 놓으면 다른 사람들이 완성시킨다. 좋은 브랜드는 무명시절에 만들어진다. 고난과 절박함은 최고의 브랜드를 만드는 보약이다. 내가 뱀으로 열심히 살고 있으면 사람들이 용으로 불러준다. 고객과 대중이 용으로 승천시켜줄 때 브랜드 파워는 최고의 재테크가 된다. 나는 평생 현역으로 살고 싶다. 이런 나에게 있어 책 쓰기는 내 브랜드 가치를 높이는 방법이자 재테크다. 책에는 브랜드를 만드는 강력한 힘이 있다.

마음을 훔치는 폭발적인 힘, 스토리

내게 롤모델인 두 여인이 있다. 같은 지구 상에 살고 있다고 생각만 해도 기분이 좋아지는 존재들이다.

스토리의 마법사, 조앤 롤링 작가와 진실 토크의 여왕 오프라 윈프리가 그들이다. 두 여인의 삶에서 미래의 내 꿈이 보인다. 그래서 많이 닮아가려고 한다.

두 사람의 공통점은 자신만의 특별한 스토리가 있다는 것이다. 스토리는 마음을 훔치는 폭발적인 힘이 있다.

간절함만이 놀라운 스토리를 만든다. 삶의 절박함이 있는가? 당신의 스토리가 당신의 운명이다. 인생을 걸 만한 나만의 스토리가 있는가? 나만의 왕국은 무엇인가? 그 왕국의 가장 빛나는 중심의 나만의 콘텐츠, 그것이 스토리다. 스토리가 듣는 사람의 마음으로 일단 들어서게 되면 폭발적인 힘을 가진다.

조앤 롤링은 아이들의 마음을 훔쳤다. 마법의 왕국으로 아이들을 초대한 것이다.

공전의 히트작인 해리 포터 시리즈로 성공을 거둔 조앤 롤링은 이 시대 최고의 스토리 메이커이자 기획가다.

무명시절의 그녀는 고민을 달고 살았다.

'왜 하필 내 인생은 이렇게 꼬였을까?'

'왜 내겐 운조차도 따라주지 않는 걸까?'

직장 잃고, 이혼하고, 빈털터리 싱글맘으로 우울증에 시달렸다. 하지만 막다른 길에서 마법 같은 이야기가 탄생했다. 바로 전 세계 판매 부수 1위를 차지한 해리포터 시리즈가 그것이다. 피폐한 싱글맘이 세계 최고 부호 작가로 등극하는 마법 같은 반전에 숨어 있는 것은 바로 스토리의 힘이다.

그리고 내가 존경하는 또 다른 여인, 오프라 윈프리는 태생부터가 불우했다. 1954년 1월 29일 미시시피주에서 사생아로 태어났다. 9세 때 사촌에게 성폭행을 당하고 마약에 빠지는 등 불우한 어린 시절을 보냈다. 그러나 1986년부터 2011년 5월까지 미국 CBS-TV에서 '오프라 윈프리 쇼'를 25년간 5000회 진행하면서 미국 내 시청자만 2200만 명에 달했고, 세계 140개국에서 방영되면서 그녀는 '토크쇼의 여왕'이 되었다. 이후 잡지·케이블 TV·인터넷까지 섭렵한 하포(Harpo : Oprah의 역순) 주식회사를 창립한 회장이 되었다. 그녀만의 고유 브랜드를 탄생시킨 덕분이다. 이제 그녀가 쌓은 막대한 부는 아무도 그녀의 활동을 막지 못한다.

휴대폰 판매원 폴 포츠, 환풍기 수리공 출신 허각 뿐만 아니라 명품이라고 불리는 모든 브랜드에도 스토리가 있다. 개인이든 기업이든 브랜드든 정치든 스포츠 분야든, 위대한 자연과 건축물에 이르기까지 이 세상 성공한 모든 것을 연구하면 특별한 스토리가 나온다. 스토리가 없으면 재미도 감동도 없다.

사람을 움직이고 감동시키는 스토리는 어떻게 탄생할까?

다산은 말한다. 사람에게는 누구나 절박한 시기가 오며 그것이 곧 스토리의 원천이라고.

그는 젊은 시절 18년이나 유배생활을 할 것이라고는 상상도 못했다. 장래가 촉망받는 학문의 천재에게 탄탄대로는 당연한 것이었다. 그렇기에 그의 삶은 특별한 스토리가 된다.

다산의 인생은 3기로 나누어져 있다. 다산은 벼슬살이를 하면서 편안하게 살았던 1기, 귀양살이를 하던 환난의 시절인 2기, 그리고 향리로 돌아와 유유자적하며 살았던 3기를 거쳤다.

처절하게 절박할 때 진실한 삶이 찾아온다. 인간의 힘으로 이겨낼 수 없을 것 같이 죽을 것만 같은 절절한 시간에 말이다. 이 절대 고독의 시간을 어떻게 보내느냐 하는 것은 위인의 스토리가 지닌 하이라이트다. 다산은 이 시절, 고독을 글로 승화시켰다.

나에게 절대 고독의 시작을 묻는다면 역시 학원경영 18년을 접어야 했을 때다. 빚쟁이들은 나에게 시도 때도 없이 인격모독이라는 사약을 건넸다. 치욕스러웠고 자존심도 상했다. 때론 삶의 끈을 놓고 싶었다. 그런데 지금 생각하면 그때가 바로 나에게 발전을 가져와 준 절대 고독의 시간이었다. 살기 위한 몸부림으로 읽었던 책이 내게 새로운 길을 열어 준 셈이었기 때문이다. 이렇게 보면 학원경영을 접어야 했을 때는 단순히 절망의 시절이 아닌 삶의 전환점이었다.

혜민 스님은 '멈추면 비로소 보인다'고 했고, 에릭 시노웨이(Eric Sinoway) 등이 쓴《하워드의 선물》에서 하워드는 멈추어 서서 다시 시작하라 했다.

미국 경영학계의 살아있는 전설인 하워드 스티븐슨은 이 책을 통해 독자들에게 큰 선물을 주었다. 다름 아닌 '전환점'이라는 것이다. 어려운 일이 있을 때 그때가 바로 삶의 전환점이라고 주장했다. 이 전환점이야말로 기회의 덩어리이며 숨은 능력을 끌어내는 굉장한 기회다. 새로운 도전, 새로운 일을 할 때인데 이것은 기관차와 같아서 휙 지나가버린다. 기회를 놓치지 말고 빨리 올라타야 한다.

우리는 어떤 스토리를 만들고 있을까?

스토리는 신이 우리 인간에게 내려준 가장 큰 선물이다. 그중에서도 어려움을 극복해 성공에 이른 이야기는 감동을 넘어 환희마저 준다.

연애편지를 쓰듯 달콤하게 써라

참 멋진 분을 만났다. 다산처럼 글을 쓴다는 게 어떤 것인지 공부하면서 만난 행운이다. 한승원 작가를 말하는 것이다. 그는 소설 《다산》의 저자다. 그의 작품 세계에서는 다산의 영혼이 살아 숨 쉬는 것 같았다. 시대를 관통하는 다산의 글쓰기 정신까지 생생하게 느껴졌다.

다산 정약용 선생은 "군자가 책을 써서 전하는 것은 단 한 사람이라도 그를 알아주는 사람을 구하기 위해서다"라고 했다. 이를 위해 필요한 것은 사랑이다.

"어여쁜 저 아가씨와 함께 노래 부르고 싶어라, 어여쁜 저 아가씨와 함께 말을 하고 싶어라, 어여쁜 저 아가씨와 함께 얘기하고 싶어라."
— 한승원, 소설 《다산》 중에서

일단은 다산의 연애 감정이 잘 표현된 문장이다. 그가 사랑해야 할 어여쁜 아가씨는 이 세상 어디를 가든지 함께 있었다. 사랑의 힘은 무한대다. 책을 쓰는 일은 곧 그 어여쁜 아가씨를 열정적으로 사랑하기나 마찬가지였다. 어여쁜 여인을 사랑하는 것만큼 뜨거운 열정이 아니었다면 어떻게 글쓰기를 이룰 수 있는가.

그가 사랑한 여인은 고향에 두고 온 홍씨 부인일 것이다. 홍씨 부인은 긴 유배 생활을 하고 있던 남편에게 딸 혜련의 혼례를 앞두고 빛바랜 붉은 치마를 깨끗하게 빨고 다리미질해 보냈다. 다산은 그 치마를 보고 얼마나 애잔했을까.

그렇다. 무엇을 하든지, 사랑에 빠져야 한다. 어여쁜 아가씨와 사랑에 깊이 빠지듯이, 책 저술하는 작업은 사랑하는 사람의 가슴에 푹 빠져 들어가듯 하자. 그 가슴에서 자유로운 영혼은 우주를 몇 바퀴나 돌 수 있는 에너지를 만들 수 있다.

소설가 한승원 씨는 다산이 말한 여인은 그에게 곧 삶의 열정이었다고 주장한다. 다산에게 있어 글은 사업이고, 그 사업에 대한 열정은 여인을 사랑하는 것과 같았다. 정서적 자멸 상태에 처한 다산을 다시 살아나게 한 것은 사랑하는 여인의 향기였고 글쓰기였다. 당시 다산은 살아있어도 산 목숨이 아닌 '비(非)삶'의 상태였지만 사랑하는 여인을 떠올리면서 위안을 구하고 독서와 글쓰기에 몰입하면서 극적으로 생의 에너지를 되찾을 수 있었다.

세상의 어떤 것도 사랑을 빼면 명품이 될 수 없다.

디자인의 대가인 김영세 이노디자인 대표는 말했다.

'사랑하는 사람에게 선물하듯 디자인하라.'

디자인의 중심에 사람이 있고 그들을 연결하는 고리는 사랑이다. 사랑이 담기지 않은 상품은 누구도 감동시킬 수 없다. 한눈에 사랑에 빠질만한 상품이 되어야만 히트 칠 수 있다. 이를 위해 67억 명의 '나'와 자신의 작품을 뜨겁게 사랑해야 한다.

나 역시 독서향기를 쓸 때 사랑하는 연인에게 연애편지를 쓰듯 쓴다. 그래서인지 폼은 안 난다. 깊이가 부족할 수도 있다. 하지만 읽는 사람에게 속삭이듯 편안함이 있다. 사랑이 느껴지는 글이 오래간다.

좋은 글을 쓰고 싶은가? 연애편지처럼 달콤하게 쓰라.

글은 말보다 뒷모습이 아름답다

말이 힘이 셀까? 글이 힘이 셀까?

정답은 없다. 말은 말대로 글은 글대로 그 자체가 아름답다. 아름답게 말하면 아름다운 말이 될 것이고, 아름답게 쓰면 아름다운 글이 된다. 무엇이 아름다운가? 아름다움의 사전적 의미는 '하는 일이나 마음씨 따위가 훌륭하고 갸륵한 데가 있다'는 뜻으로 '고매하다', '곱다', '깨끗하다', '진실하다'의 의미를 지닌다.

말은 허공으로 날아가 버리지만, 글은 기록으로 남는다. 사랑을 하면 좋은 일이 생기는 이유는 치료 효과가 있기 때문이라는 말이 있다. 글에도 치료 효과가 있다. 마음이 힘들고 외로울 때는 마구 쏟아내야 한다. 다산이 유배지에서 그토록 절대 고독이라는 인고의 세월을 버틸 수 있었던 것도 시를 쓰고 글을 썼기 때문이다.

다산은 아홉 살에 어머니가 돌아가셨을 때 어머니의 빈자리를 책으로 채웠다. 책 속의 훌륭한 위인들이 어머니를 대신해서 토닥여 주었고, 책 속의 위인들과 무언의 대화를 나누었다. 아름다운 시를 읽으며, 마음이 아름다워졌고, 연초록 나뭇잎을 보면서 마음을 맑고 깨끗하게 닦았다. 어머니의 깊은 사랑을 저자들이 대신 속삭여 준 것이다. 그 포근한 속삭임에 다산은 행복해 졌고, 자연을 보는 아름다운 눈과 세상을 가슴으로 보는 통찰력이 깊어졌다.

자연을 보는 아름다운 눈은 어린 시인을 만들어주었고, 세상을 가슴으로 보는 통찰력은 500여 권이라는 불후의 명작을 남기게 하였다. 무엇이 그토록 그에게 글을 쓰게 하였을까? 다산을 공부하면서 내가 내린 답은 크게 두 개의 튼튼한 기둥이 있었음을 알 수 있다. 지극정성과 절대 고독이란 기둥이다. 백성을 사랑하는 지극정성과 혼자 견디어야 하는 유배지의 절대 고독 말이다. 요즘 사람들은 쉽게 삶의 끈을 놓는다. 화려한 권력 생활을 하다가 어느 날 갑자기 나락으로 떨어졌을 때, 무너진 자존심과 앞날에 대한 극심한 불안함으로 최악의 선택을 하는 사람들이 있다.

그 옛날, 먹과 붓으로 글을 써야 하는 열악한 환경에서도 붓을 놓지 않았던 다산의 삶에서 우리는 무엇을 배워야 할까? 스마트폰과 컴퓨터의 편안한 환경에서도 자판을 두드리지 않는 우리는 무엇이 그리도 바쁠까?

적어보자. 써 내려가 보자. 그 글이 무엇이든지 간에, 글이 귀하의 마음을 씻어줄 것이다.

헝클어진 머리는 빗이 빗어주지만 헝클어진 내 마음은 글이 고요히 마음의 빗질을 곱게 해 준다.

다산이 그토록 읽고 쓰기를 강조한 것은 읽지 않으면 세상과 타인을 쉽게 원망하게 되기 때문이다. 함부로 말하는 가벼운 언행을 염려해서이기도 하다. 글을 쓴다는 것은 곧 자기성찰이다.

에필로그

지극정성이면 불가능은 없다

아, 행복했다. 글을 쓰는 동안.

세종과 다산, 알면 사랑하게 된다. 두 거인의 삶은 가을 하늘을 닮았다. 하늘처럼 맑아 보이는 다산과 세종의 영혼, 그들의 삶 속으로 걸어 들어가니 내 마음도 맑고 깨끗해진다. 두 분의 맑은 영혼 앞에 마음의 큰절을 올린다.

어떻게 그토록 맑은 영혼을 지녔을까? 이유는 단 하나, 지극정성이다. 그렇다. 지극정성이면 다 된다. 백성이 글을 몰라 당하는 억울함이 없도록 한글을 만들었고, 책을 읽고 신하들과 아낌없이 나누고 토론해 새로운 생각을 창조했다. 그는 경전을 통해 마음을 먼저 닦았고, 역사서를 통해 나라를 다스리는 지혜를 배웠다. 그가 백성을 사랑한 마음은 조선의 화려한 역사가 말해주고 있다.

22살은 운명의 나이다.

세종대왕은 22세에 세자로 책봉되었고, 다산 정약용은 22세에 벼슬에 올랐고(진사시험 합격), 박근혜 대통령은 22세에 퍼스트레이디가 되었다. 나도

22세에 학원사업에 뛰어들어 학원장이 되었기에 이 숫자가 주는 의미가 남다르다.

다산은 18년 유배생활을 했고 박근혜 대통령은 18년 은둔생활을 했다. 고난을 벗 삼았던 절대 고독의 시간이었다. 다산은 유배 생활하는 동안 역사에 길이 남는 500여 권의 저서를 남겼고, 박근혜 대통령은 18년 은둔생활 후 새로운 정치 활동으로 38년 만에 퍼스트가 되었다. 이런 그들의 인생을 나에게 겹쳐봤다. 나는 18년간 학원을 경영했고, 최악의 나락으로 떨어졌다. 이후에 인생 2막을 책으로 시작해 만족하며 살고 있다.

외로울 때마다 글을 썼고, 시를 썼던 다산. 남자 나이 40세에서 58세까지의 삶, 최고의 전성기의 화려한 권력 생활에서 벗어나 폐족이 되어 유배지에서 귀양살이를 할 때 그 마음을 어찌 헤아릴 수 있을까? 얼마나 고독했을까? 고독을 넘어선 절대 고독을 어찌 가늠할 수 있으랴. 절벽 위 벼랑 끝에 홀로 선 그가 선택한 것은 글쓰기였다. 이유는 단 하나, 백성을 사랑하는 지극정성, 그것이 삶의 끈을 놓지 않게 하는 동아줄이었다.

나의 지극정성 지수는 얼마일까?
가끼오 니의 가족에게, 친구에게, 시인에게 얼마만큼의 정성을 쏟고 살고 있을까? 지극정성을 쏟는 내 마음의 감성지수는 얼마일까? 삶이 바쁘기만 한가? 삶에 지치기만 하는가? 세종과 다산의 삶 속으로 들어가 보자. '백성 사랑', '절대 고독', '지극정성' 이런 단어들을 만날 것이다.
두 분이 주는 삶의 메아리는 내 기억 속에 오래 피어날 것이다. 작은 것

하나 소중히 정성으로 대할 때 인생은 달라진다. 우리가 죽어 영혼의 세계에 가면 첫 번째 질문이, '당신은 어떻게 살았느냐'가 아니라, '사랑을 해 봤느냐'라고 한다. 백성을 사랑하는 지극정성이 있었듯이, 나 아닌 가까운 사람들에게 진실을 담은 지극정성으로 사랑할 때 내 삶의 품격도 달라질 것이다.

세종과 다산에게서 배운다.
결국, 사랑이다. 백성을 향한 절절한 사랑.
우리도 사랑이다. 사람에 대한 사랑, 자연에 대한 사랑, 일에 대한 사랑, 사물에 대한 사랑, 그리고 읽고 쓰는 것에 대한 사랑. 이 사랑이 답이다. 지극정성은 사랑에서 시작되니까.

부록

▍저자가 추천하는 인문학적 감성을 꽃피울 책 Best 10

1. 《일침》(정민, 김영사, 2012)
2. 《논어》(공자, 김형찬 역, 홍익출판사, 2005)
3. 《통섭의 식탁》(최재천, 명진출판, 2011)
4. 《섬광 예지력》(대니얼 버러스, 존 데이비드 만, 안진환, 박슬라 역, 동아일보사, 2011)
5. 《인문학 명강: 동양고전》(강신주, 고미숙, 김영수 외 2명, 21세기북스, 2013)
6. 《세계사를 움직이는 다섯가지 힘》(사이토 다카시, 홍성민 역, 뜨인돌출판사, 2009)
7. 《군주론》(마키아벨리, 강정인, 김경희 역, 까치, 2008)
8. 《내가 알고 있는 걸 당신도 알게 된다면》(칼 필레머, 박여진 역, 토네이도, 2012)
9. 《유대인 이야기》(홍익희, 행성B잎새, 2013)
10. 《마키아벨리》(김상근, 21세기북스, 2013)

참고 문헌 (가나다 순)

공병호, 《운명을 바꾸는 공병호의 공부법》, 21세기북스, 2012

김상근, 《마키아벨리》, 21세기북스, 2013

김영근, 장선환 그림, 《세종대왕》, 주니어RHK, 2006

김영세, 《이매지너》, 랜덤하우스, 2009

김영세, 《퍼플피플》, 교보문고, 2012

김용욱, 《몰입의 법칙》, 21세기북스, 2008

김정진, 《독서불패》, 자유로, 2005

남석기, 이량덕 그림, 《사라진 로켓 병기 신기전》, 미래아이, 2012

〈조선일보〉, 남정욱, 2013년 6월 1일

노자, 최태응 역, 《노자의 도덕경》, 새벽이슬신문사, 2011

로버트 그린, 안진환 역, 《전쟁의 기술》, 웅진지식하우스, 2007

도리스 컨스 굿윈, 이수연 역, 《권력의 조건》, 21세기북스, 2013

리즈 와이즈먼, 그렉 맥커운, 최정인 역, 《멀티플라이어》, 한국경제신문사, 2012

박현모, 《세종, 실록 밖으로 행차하다》, 푸른역사, 2007

박현모, 《세종처럼》, 미다스북스, 2012

백기복, 《대왕 세종》, 크레듀, 2007

비단구두, 이유나 그림, 《책 속에서 자란 아이 세종대왕》, 깊은책속옹달샘, 2007

사마천, 김영수 역, 《완역 사기 본기1》, 알마, 2010

석지영, 송연수 역, 《내가 보고 싶었던 세계》, 북하우스, 2013

스티븐 존슨, 서영조 역, 《탁월한 아이디어는 어디서 오는가》, 한국경제신문사, 2012

스티븐 포스트, 질 니마크, 강미경 역, 《왜 사랑하면 좋은 일이 생길까》, 다우, 2013

앙토냉 질베르 세르티앙주, 이재만 역, 《공부하는 삶》, 유유, 2013

양병무, 《행복한 논어 읽기》, 21세기북스, 2009

에릭 시노웨이, 메릴 미도우, 김명철·유지연 역, 《하워드의 선물》, 위즈덤하우스, 2013

윌리엄 파운드스톤, 유지연 역, 《당신은 구글에서 일할 만큼 똑똑한가》, 타임비즈, 2012

유종문, 《이야기로 풀어쓴 조선왕조실록》, 아이템북스, 2008

윤철호, 《엘랑비탈》, 북스넛, 2010

이청승, 《세종에게 길을 묻다》, 일진사, 2011

정민, 《다산선생 지식경영법》, 김영사, 2006

정민, 《삶을 바꾼 만남》, 문학동네, 2011

정민, 《옛사람 맑은 생각 다산어록청상》, 푸르메, 2007

정약용, 박석무 역, 《유배지에서 보낸 편지》, 창비, 2009

조르주 보르도노브, 나은주 역, 《나폴레옹 평전》, 열대림, 2008

조혜숙, 이승현 그림, 《세종대왕 독서법》, 주니어랜덤, 2011

짐 로허, 이주형 역, 《세상을 지배하는 스토리의 힘》, 스마트비즈니스, 2012

최진, 《대통령의 독서법》, 지식의숲, 2010

칼릴 지브란, 《보여줄 수 있는 사랑은 아주 작습니다》, 진선출판사, 2003

켄 베인, 이영아 역, 《최고의 공부》, 와이즈베리, 2013

토니 슈워츠, 캐서린 맥카시, 진 고메스, 박세연 역, 《무엇이 우리의 성과를 방해하는가》, 리더스북, 2011

파커 J. 파머, 홍윤주 역, 《삶이 내게 말을 걸어올 때》, 한문화, 2012

한승원,《다산》1·2, 랜덤하우스코리아, 2008

홍호표,《조용필의 노래, 맹자의 마음》, 동아일보사, 2008

황농문,《몰입》, 알에이치코리아, 2012